Peter Kleinert

Rette Deine Seele

Peter Kleinert

Rette Deine Seele

WiSa

Bibliografische Information der Deutschen Nationalbibliothek
Die Deutsche Nationalbibliothek verzeichnet diese Publikation in der Deutschen Nationalbibliografie; detaillierte bibliografische Daten sind im Internet über http://dnb.d-nb.de abrufbar.

Bibliographic information published by the Deutsche Nationalbibliothek
Die Deutsche Nationalbibliothek lists this publication in the Deutsche Nationalbibliografie; detailed bibliographic data are available in the Internet at http://dnb.d-nb.de.

ISBN: 978-3-95538-040-3

Stuttgart 2022

„Es gibt nur ein Zeichen, das bestätigt, daß man alles verstanden hat: grundlos weinen."

E. Cioran

0.1 Vorwort

Rette deine Seele! „In dieses kurze Wort läßt sich die ganze Lebensaufgabe des Menschen zusammenfassen. Woher bist du? Wohin sollst du? Wozu bist du auf der Welt? Das sind die drei wichtigsten aller Fragen, die den Menschen beschäftigen können. Auf diese drei Fragen gibt uns der christkatholische Glaube allein die klare und bestimmte Antwort: ... Du bist, o Mensch, auf der Welt, damit du deine Seele rettest.“[1,2]

Welche Überzeugungskraft hat diese Ermahnung heute noch? Ist nicht längst die Verhöhnung dieser „heiligen Beschwörungsformel“ konsensfähig? Enthüllen ihre Absurdität nicht gleichlautende Sätze wie etwa dieser: „Rette deine Altersflecken“? Man mag sie beachten oder nicht – Altersflecken machen die Degeneration der Haut sichtbar. Man mag sie beachten oder nicht – die Seele macht das kooperative neuronale Geschehen (mitunter ebenfalls degenerativ) im Gehirn sichtbar. Wie Altersflecken nicht gerettet werden wollen, so auch nicht die Seele. Die Seele sei Ausdrucksform eines Körperteils, nicht anders als der aufrechte Gang, der nimmer müde Herzschlag oder der regelmäßige Stuhlgang. Obendrein sei das Pastorenwort widersprüchlich, weil der, der retten soll, mit dem, der gerettet werden soll, übereinstimmt – es ist ein und dieselbe Seele. Schließlich störe die Weltfremdheit des „heiligen“ Gebotes, denn in Wahrheit geht es um etwas anderes: Rette dein Vermögen!

In den Schriften der Entrümpeler alter Mythen steht: Im Verlauf von Jahrtausenden haben Scharlatane und Spinner, die sich „Philosophen“ und „Theologen“ nannten, diese absurde, widersprüchliche und weltfremde Beschwörung „tiefsinnig“ zu begründen versucht. Einer der gescholtenen Tiefsinnigen, der französische Jesuit, Paläontologe, Anthropologe und Philosoph Pierre Teilhard de Chardin, legte sich die Dinge so zurecht: „Auf Grund seiner ‚Hominisation‘ ist [der Mensch] ein re-

[1] P. Pinamonti, Rette deine Seele! Zwölf Betrachtungen über den Werth der Seele, Laumann'sche Verlagsbuchhandlung und Buchdruckerei, Dühnen bei Münster, 1888, S. 5.

[2] „Du hast, o Mensch, eine unsterbliche Seele zu retten. Diese zu rettende Seele besitzest du nur einmal. Diese deine eine unsterbliche Seele mußt du retten, es ist nothwendig, es ist eine Nothwendigkeit. Du bist um Vieles bekümmert, aber nur Eins ist nothwendig. Was nützt es dem Menschen, wenn er die ganze Welt gewänne, aber Schaden litte an seiner Seele? Du mußt diese deine Seele retten aus vielen und großen Gefahren in der kurzen Zeit deines Lebens. Gelingt es dir, so bist du ewig selig, gelingt es dir nicht, so bist du ewig verloren.“ Ebenda, S. 5.

flektiertes und kritisches Lebewesen geworden. Doch dieses Geschenk der Reflexion bringt zwei zu fürchtende Eigenschaften mit sich, ich meine, die Wahrnehmung des Möglichen und die Wahrnehmung der Zukunft – ein doppeltes Vermögen, dessen Auftreten genügt, um in den bis dahin so kohärenten und klaren Aufstieg des Lebens Verwirrung und Auflösung zu bringen. Wahrnehmung des Möglichen und Wahrnehmung der Zukunft, sie beide verbinden sich, um sowohl unsere Ängste als auch unsere Hoffnungen unerschöpflich zu machen und in alle Richtungen zu zerstreuen ... Dort, wo das Tier keine Schwierigkeiten zu finden scheint, unfehlbar in Richtung auf das voranzuschreiten, was es befriedigt, sieht der Mensch bei jedem Schritt und in jeder Richtung ein Problem, zu dem er, seitdem er Mensch ist, unaufhörlich erfolglos eine endgültige und universelle Lösung gesucht hat."[3] Enthusiastisch wurde dieser Faden von Gottesfürchtigen aufgenommen und weiter gesponnen: Der Mensch sei grundsätzlich melancholisch veranlagt, bete ruhelos gegen den Schauder flehentlich an, den ein unbefangener Blick auf die vergängliche, ständig vom Tod überschattete Welt in ihm auslöst. Er sehnt sich nach dem „Überirdischen", nach dem Unvergänglichen, Bleibenden, das dem Tod das letzte Wort nimmt, weil es dem ewigen Leben Gottes gehört. Nur wenn sich der Besonnene seine Hoffnung auf letzte Geborgenheit in einer ewigen Heimat bewahrt, kann er frohgemut sein Dasein bejahen. Um gedanklich auf diesem Weg überhaupt voranzukommen, erfand man zu allen Zeiten und überall auf der Welt ein Zauberwort: „Gott". Auf diesen Begriff führte das Nachsinnen über die Wirkursache aller geistigen Kräfte. Nur einer alles durchwaltenden und überragenden „Weisheit" traute man zu, gleichzeitig letzter Weltgrund und Adressat der Heilserwartung sein zu können. Vom religiösen Gemüt besonders anempfohlen wurde die Anerkenntnis der Personalität Gottes, weil so der Heilsplan besonders anschaulich dargestellt und in Feierlaune gewürdigt werden konnte. Wenn Gott jedoch Wort ist, wenn er spricht, dann bedarf es zur Auslösung des Heilsgeschehens schließlich eines würdigen „Ansprechpartners" hienieden – dazu wurden die Menschenseelen auserkoren. Im Kontext der religiösen Heilserwartung ist der Begriff „Seele" also ebenso unverzichtbar wie der des unfassbaren Weltengrundes „Gott". Beim Durchdenken ernster Lebensfragen tritt daher der Begriff „Körper" zunächst hinter den Seelenbegriff zurück, was der barfüßige und streitsüchtige Sokrates (470-399) in Athen den Marktbesuchern begreiflich machen wollte:

[3] Pierre Teilhard de Chardin, Vom Glück des Daseins, Walter Verlag, Olten und Freiburg im Breisgau, 1966, S. 13.

> *„Denn nichts anderes tue ich, als daß ich umhergehe, um Jung und Alt unter euch zu überreden, ja nicht für den Leib und für das Vermögen zuvor noch überall so sehr zu sorgen als für die Seele, daß diese aufs beste gedeihe, zeigend, wie nicht aus dem Reichtum die Tugend entsteht, sondern aus der Tugend der Reichtum und alle andern menschlichen Güter insgesamt, eigentümliche und gemeinschaftliche."*
> (Platon, Des Sokrates Verteidigung)

Wie viele begnadete Denker Jahrhunderte später auch noch zustimmend nickten, es half nichts, die Schwerpunkte der Lebens- und Weltauffassungen verschoben sich in die entgegengesetzte Richtung. Die Immunisierung gegen die hochfahrenden Beschwörungen der „Sinnsucher" verbreitete sich pandemisch.[4] Daseinsfragen konnten immer öfter leidenschaftslos und mit Desinteresse abgetan werden, wobei das Demokrit'sche Erbe als Wegweiser diente. Man ist sich heute im Klaren: Das weltanschauliche, mechanisch-materialistische Gerüst des Seelenbauplans, das auf den antiken Materialisten zurückgeht, habe seine Tragfähigkeit längst bewiesen und behält selbst in der Fachwelt noch immer sein hohes Ansehen.[5] Die Seele „existiere durchaus real" (sie sei kein „Gespinst"), denn sie „bestehe" aus einer Ansammlung von kugelförmigen, glatten Seelenatomen, hieß es bei Demokrit. Diese „Seelensteinchen" unterscheiden sich von anderen Atomen durch ihre höhere Beweglichkeit. Das Wohlbefinden einer Person, ihr Verhalten, ihre Gefühle sind die sichtbaren Folgen jener selbstgesteuerten Bewegungen der Seelenatome. Wenn ein Mensch stirbt, dann zerstreuen sich die Seelenbausteine. Ohne Teilchen kein Stoff, ohne Seelenteilchen keine Seele. Nach Demokrits materialistischer Lehre sind Vorstellungen über die Unsterblichkeit der Seele wahnhaft. Dem heutigen Sprachgebrauch folgend und nach Auskunft anerkannter Fachleute bezeichnet der Begriff „Seele" die Gesamtheit aller Gefühlsregungen und geistigen Vorgänge des Menschen. Stoffe können bunt sein – man spricht von

[4] „Die Menschen richten ihre Existenz mit relativen Werten ein, denen sie einen quasi absoluten Sinn beimessen, um nicht am ganzen Sinn des Lebens oder auch der Welt zu verzweifeln." W.G. Esser, Philosophische Gottsuche, Kösel Verlag, München, 2002, S. 14.

[5] „Heute hat der naturwissenschaftliche Fortschritt materialistisch-mechanistischer Prägung unsere Sicht der Dinge so in die Enge getrieben, dass wir *nur* noch ihre sichtbare, wissbare Seite vor Augen haben, und nichts mehr wunderbar an ihnen ist. Für ihren bleibenden Geheimnischarakter sind wir blind geworden." Ebenda, S. 35.

Farben; Stoffe können denken und fühlen – man spricht von der Seele oder gleichbedeutend von der Psyche.[6]

Parallel zur beeindruckenden Erfolgsgeschichte der mechanisch-materialistisch ausgerichteten Neurobiologie entstand Anfang des 20. Jahrhunderts eine vollkommen neuartige „Substanzwissenschaft“ – die Quantenphysik. Alles, was Naturphilosophen sich bis dato ausdachten und als mechanisch-materialistisches „Denkgerüst“ aufstellten, zog diese neuzeitliche Naturlehre in Zweifel. Sie zitierte zuallererst den klassischen Teilchenbegriff in den Zeugenstand und schien Gefallen daran zu finden, ihn rigoros aufzulösen und seine wahrhafte Inkonsistenz und Vernunftwidrigkeit nachzuweisen. Was sich Jahrtausende lang dem Vorstellungsvermögen einschmeichelte, erwies sich als wissenschaftlich nicht haltbar. Wenn aber das elementare Bauklötzchen ein bloßes „Begriffsphantom“ ist, jedenfalls kein „Sein“ haben kann, dann stellt sich die Frage nach der Beschaffenheit des „Urstoffes“ (der angeblich auch die Seele macht) neu. Nun sind es mehr als Randnotizen, was Quantenphysiker vorzubringen haben. Ihr Fazit lautet: Der Aufbau der fundamentalen Substanzwissenschaft erinnert viel eher an die neuplatonische Seelenhierarchie als an Spielanleitungen für kleinste Steinchen. Schlägt aber solcherart die „Substanz“ in „Geist“ um und ist sie nicht länger eine Ansammlung von „kleinsten Körnchen“, dann muss doch auch und gerade über die menschliche Seele vom philosophisch-spirituellen Standpunkt aus grundsätzlich neu nachgedacht werden.[7] Wegen dieses, durch Fortschritte in der Naturforschung herbeigeführten möglichen Aufbruchs der Philosophischen Theologie[8], fassen wir uns ein Herz und heben die

[6] „Die Seele ist so für den modernen Menschen zum leeren Wort geworden. Für die meisten ist heute eine ethisch-religiöse Auslegung des Menschen ein Anachronismus.“ E. Frank, Philosophische Erkenntnis und religiöse Wahrheit, Ernst Klett Verlag, Stuttgart, 1949, S. 10.

[7] Zur Dringlichkeit dieser weltanschaulichen Neuausrichtung äußerte sich Wolfgang G. Esser wie folgt: „Es kommt einem der Verdacht, als ob die lärmende Hektik unserer Tage, die Haben-, Unterhaltungs- und Zerstreuungs‚kultur‘ (‚Erlebniskultur‘ nennt man das wohl heute) die janusköpfige Kehrseite der Sinnlosigkeit und der Angst vor Langeweile ist, in der sich die Leere und Perspektivlosigkeit des Lebens ungeschminkt zeigen könnte. Was gegenwärtig in unserer Gesellschaft besonders krass beobachtet werden kann, durchzieht in anderen Erscheinungsformen jedoch die ganze Geschichte der Menschheit und die Existenz eines jeden einzelnen Menschen. Der Grund ist das tiefe menschliche Bedürfnis nicht nur nach Wahrheit, sondern auch nach Gerechtigkeit und dem Guten. Es ist die ruhelose Sehnsucht nach Erfüllung. Menschen scheinen an etwas zu leiden, was ihnen mangelt, was ihnen fehlt, was ihnen grundsätzlich und immer fehlt.“ W.G. Esser, Philosophische Gottsuche, Kösel Verlag, München, 2002, S. 77.

[8] „Der Weg der ‚natürlichen‘ Gotteserkenntnis beginnt bei der Welterkenntnis und

glorreichen Ideen der „alten" Meister hoch in unser neues Licht. Mit Tränen im Auge stehen wir gebückt vor den verehrten Vordenkern, die uns mit ihren Inspirationen heute umso mehr hinreißen:

> *„Und wenn ich wiederum sage, daß ja eben dies das größte Gut für den Menschen ist, täglich über die Tugend sich zu unterhalten und über die anderen Gegenstände, über welche ihr mich reden und mich selbst und andere prüfen hört, ein Leben ohne Selbsterforschung aber gar nicht verdient, gelebt zu werden, das werdet ihr mir noch weniger glauben, wenn ich es sage."*
> (Platon, Des Sokrates Verteidigung)

dringt durch diese hindurch zur eigentlichen Gotteserkenntnis, indem die Welt als die noch nicht eigentlich letzte und absolute Wirklichkeit erfaßt wird, sondern als bloßes ‚Bild' einer solchen." H. Beck, Natürliche Theologie, Verlag Anton Pustet, München, Salzburg, 1988, S. 20.

0.2 Einleitung

Gab es je Kulturen irgendwo auf der Erde, die auf religiöse Daseinsdeutungen verzichteten? Wie kann Religiosität nicht zu den Wesensmerkmalen des Menschen gehören, da sie doch lückenlos an jedem Ort und zu jeder Zeit in der langen Menschheitsgeschichte Spuren hinterließ? Warum ist Religion für Menschen konstitutiv? Religionsphilosophen, die fachmännischen Ratgeber beim Nachdenken über die letzten Dinge, haben sich längst auf eine plausible Erklärung geeinigt: Seiner wesentlichen Bestimmung nach steht kein Tier, wohl aber der Mensch vor der Aufgabe, den inneren Konflikt zwischen seiner leiblichen und seiner seelisch-geistigen Existenzweise zu bewältigen. Ist diese Disharmonie im Menschsein das Resultat einer evolutionären Fehlentwicklung oder ist es eine göttliche Fügung, dass wir unter der Last unseres Gnadengeschenkes (das Denkvermögen) wanken? Einerseits verschafft uns das Nachdenken Vorteile im Umgang mit den Dingen, andererseits schadet es im Umgang mit unserem Geist, wenn wir uns nämlich im eigenen Gedankennetz verheddern, weil alle Antworten auf drängende Daseinsfragen nur erschreckend sind.[9] Unbeschwert zu leben muss der Mensch also erst lernen, indem er die erkannten Fragwürdigkeiten und Übel seiner Existenz „verklärt“, die Unerträglichkeit seiner Vergänglichkeit „klein redet“. Hilfestellung dabei geben ihm die Religionen. Nicht weniger wird von ihnen erwartet als dem Tod, der „höchsten Wirklichkeit der negativen Weltordnung“ (E.M. Cioran), seinen Stachel zu nehmen. Dazu erfanden Heilslehrer ein Zauberwort und beschworen es: „Seele“. Der hinfällige, sterbliche Leib sei nur die Maskerade, behaupten sie. Das wahre Wesen des Menschen sei hinter der Maske verborgen, es sei gänzlich anders als alles, was das oberflächliche Erscheinungsbild suggeriert. Die Seele sei immateriell, sei geistiges Ordnungsprinzip und daher ein „heißer Draht“ zum Jenseits, dem das „Werde und Vergehe“ wesenhaft fremd ist. Um die Unsterblichkeit der Seele kreisen alle Beschwörungsformeln in den Heilslehren. Zur negativen Weltordnung gehört nur der Leib des Menschen, seine Seele hingegen, mit der allein er sich identifizieren soll, ist eingeschmolzen im ewigen, jenseitigen Reich der Wonnen. Indem so der Tod zur belanglosen Episode herab-

[9] „Angesichts des Todes wird die Wahrheit unseres gesamten intellektuellen Lebensaspektes fragwürdig. Wesentlich für ihn kann nur sein, was seinen Wert noch im Angesicht des Todes behält, während das, was diese letzte Probe nicht besteht, sich in seiner ganzen Eitelkeit enthüllt.“ E. Frank, Philosophische Erkenntnis und religiöse Wahrheit, Ernst Klett Verlag, Stuttgart, 1949, S. 16.

gewürdigt wird, kann sich ein optimistisches Lebensgefühl überhaupt erst einstellen.

Nun gibt es Immunisierte, die ihr religiöses Gemüt gar nicht beruhigen müssen, weil sie antiklerikal veranlagt sind.[10] Bekennende Atheisten, die ihren Scharfsinn loben, nehmen dem Beter den Seelenfrieden, indem sie dem Augenschein treulich vertrauend behaupten: das Gehirn „produziere" die Seele nicht anders als die Milz weiße Blutkörperchen. Da eine Funktion des Gehirns das Gehirn selbst nicht überdauern kann, ist die Seele sterblich wie der Leib.

Unbeabsichtigt gab Descartes den „Gottlosen" Schützenhilfe. Zwar sei die Seele des Menschen ein raumloses „Ding", lesen wir in seinen Aufzeichnungen, trotzdem müsse diese „immaterielle Wesenheit" an einem Punkt der Gehirnsubstanz „andocken", damit sie vom Leib mitgenommen und angefacht werden kann. Das Ablaufschema stellte sich Descartes folgendermaßen vor: Sinneseindrücke teilten sich der Seele mit, indem von den Sinnesorganen abgesondertes „Feinstoffliches" die Nerven entlang in die Hirnhöhle gelangt, welche ein Sammelbecken für „Nervengeister" bildet. Dort befindet sich eine Art „Sensor" – die Zirbeldrüse –, die nach Descartes Worten der materielle Träger der Seele ist. Von diesem „Dirigentenpult" aus (die Zirbeldrüse ist der einzige unpaarige Teil des Gehirns) werde veranlasst, dass Seelen*stoffe* rückläufig über die Bewegungsnerven zu den Muskeln gelangen, um dort eine zweckmäßige Muskelkontraktion auszulösen. Descartes' Vorstoß, die Subjekt-Objekt Dualität philosophisch zu fundieren, erwies sich jedoch als kontraproduktiv. Wer nämlich die von ihm skizzierte Funktionsweise genauer untersuchte, diente einerseits löblich dem Fortschritt in der Gehirnphysiologie und Gehirnpathologie, stärkte andererseits aber auch dem materialistischen Monismus den Rücken. Schnell wurde nämlich erkannt, was dem Descartes'schen Dualismus zuwiderlief: Nervenfasern gleicher Funktionalität konnten aufgrund ihrer gleichzeitigen Entstehung identifiziert und klassifiziert werden. Sie enden mitnichten alle in der Hirnhöhle. Fritsch und Hitzig lokalisierten motorische Rindenfelder, deren Zerstörung die gesteuerte Kontraktion einzelner Muskelgruppen verhindert. Sogar ein sogenanntes Sprachzentrum wurde aufgespürt, das man nach seinem Entdecker Broca benannte. Wenn aber das „See-

[10] Irrelevant und sogar unanständig sind ihnen Fragen der Art: „Liegt die wahre Bestimmung des Menschen jenseits dieser Welt und jenseits der Zeit, in seiner Beziehung zu Gott, wie die Religion lehrt? Oder ist sie nur in dieser Welt zu finden, im Menschen selbst, in der Entwicklung aller seiner natürlichen und rationalen Fähigkeiten ...?" Ebenda, S. 82.

lenvermögen“ geteilt und auf unterschiedliche Gehirnareale verteilt ist, wie kann es raumlos, immateriell sein, wie kann es so beschaffen sein, dass es zur „Unsterblichkeit“ taugt? Alle Forschungsergebnisse zusammenfassend lautete die Schlussfolgerung: die Seele ist eine Funktion des Gehirns und gewiss kein immaterielles „Verbindungsglied“ zu einer „jenseitigen“ Wirklichkeit.

Der Leitgedanke der monistisch - materialistisch eingestellten Seelenforscher lautet also präzis und kurz formuliert: Die Seele ist von anderen Funktionen des Leibes nicht grundsätzlich verschieden. Nicht nur die Reflexe, nicht nur die Sinneseindrücke, sondern auch die „höhere“ Denktätigkeit sind Ausdruck eigentümlicher materieller Bewegungsformen im Nervensystem. Alle geistigen Funktionen der biologischen „Stoffe“ sind dementsprechend dem Evolutionsgedanken des Darwinismus ebenso zugänglich wie die Beschaffenheit von zufällig entstandenen Zellhaufen.

Beginnend mit groben Umrissen, kann das Bild der Darwin’schen Entwicklungsgeschichte des „Geistes“ sukzessive ausgemalt werden: Anfangs durchquerte ein „hirnloses“ Triebwesen die Wildnis, das vom Zufall „gesteuert“ sich höher und immer höher entwickelte bis es letztendlich eine kulturelle Ordnung zwangsweise schuf. Aus der prinzipiellen Zugehörigkeit des Menschen zum Tierreich konnte sein merkwürdiger Sonderweg in der Evolution nicht führen, weil sich das Bündel der menschlichen Triebe und Bedürfnisse nicht zu einer neuen Einheit zusammenfand. Allein das Stoffliche gebe den Rahmen vor, in dem das Menschsein zu verorten ist. Über alles Nicht-materielle, über die „zweite Natur“ des Menschen dürfen Priester reden, nicht aber naturwissenschaftlich gebildete Bürger.[11] Erdacht im Maschinenzeitalter, erfreuen sich mechanisch-materialistisch ausgerichtete Begriffsschöpfungen in der Psychologie einer hohen Wertschätzung. Zusätzlich zur Anschaulichkeit ihrer Begriffe pochen Monisten auf Konsistenzforderungen, die der theoretische Physiker Roger Penrose anmahnte: „Wenn der Geist den Körper dazu bringen könnte, die Naturgesetze zu verletzen, würde er die Exaktheit dieser rein physikalisch begründeten Naturgesetze stören. Deshalb ist eine rein dualistische Sicht kaum aufrecht zu erhalten. Selbst wenn die physikalischen Naturgesetze, denen der Körper unterworfen ist, dem Geist einen Freiraum zur Beeinflussung des Körpers lassen, dann muss diese Art Freiheit selbst ein wichtiger Inhalt dieser

[11] Ihnen ist die folgende Behauptung ein „Sakrileg“: „Getrennt von Geist bedeuten Mensch und Welt ‚das Amt‘ des Todes und Verdammnis.“ Ebenda, S. 107.

Naturgesetze sein."[12]

Um die Einheit der Seelenlehre zu wahren, dürfen keine fundamentalen ideellen „Substanzen" den materiellen Trägern gleichgestellt oder sogar übergeordnet werden. Nur wenn das Substantielle alles Seelische hervorbringt, lassen sich Erklärungslücken prinzipiell schließen und eine Seelenkunde „wissenschaftlich" begründen. Heute blicken Mechanisten und Materialisten stolz auf den erzielten Erkenntnisfortschritt in der Neurobiologie und auf ihre „Widerlegung" aller monistisch-idealistischen Ansätze.

Warum kommt die lange Tradition des idealistischen Monismus an ihr Ende, warum gelten ihre Prämissen nun als „unaufweisbar" (wie der Philosoph Wilhelm Weischedel schlussfolgerte)? Was besagen die Grundaussagen des Idealismus eigentlich? Nach idealistischen Vorstellungen übernehmen die vergänglichen Körper lediglich eine Vermittlerfunktion zwischen der „vorweltlichen" und der „inkarnierten" Seele. Nicht was pompös sich den Sinnen aufdrängt, alt wird, um schließlich zu sterben, deutet auf die „Wahrheit" des Seins, deutet auf den „Träger" des endlosen Hin und Her. Nur etwas Bleibendes, das den Wandel ständig befeuert, daher selbst nicht Wandel ist, qualifizieren Idealisten zum „Fundament der Welt". Dieses, nur dem Geiste erscheinende „Etwas", ist seinem Wesen nach grundsätzlich immateriell, neuplatonisch gesprochen eine „Seelenhierarchie". Der idealistische Slogan lautet: Der Geist ist nicht Eigenschaft der Materie – vielmehr gilt umgekehrt: Materie ist „geronnener" Geist (H.P. Dürr).

Leidenschaftlich und kenntnisreich vertrat Johann Gottlieb Fichte die idealistische Weltanschauung. Mutig sprach er den elementaren und zusammengesetzten Dingen ein eigenständiges Existenzrecht rigoros ab und erklärte die menschliche Seele, zusammen mit ihrer wesensmäßigen Rückbindung an Gott, zur einzig „wahrhaften" Daseinsform. Demzufolge darf auch wahre Erkenntnis, das Vorrecht der Seele, nicht mit willkürlichem Fürwahrhalten verwechselt werden, ist sie doch ein Gnadengeschenk Gottes. Mehr noch: Indem wir „Gott zu lieben und zu wissen glauben, sei dies in Wahrheit das Lieben und Wissen, womit Gott sich selbst in unserer Person liebt und weiß, und dies ist ... das einzige und wahre Leben Gottes und seine Seligkeit und der einzige und höchste Zweck und Inhalt der ganzen Welt, so daß wir suchen sollen ... uns in tief-ernster Sammlung nur der Liebe und dem Erkennen

[12] R. Penrose, Schatten des Geistes, Spectrum Verlag, 1995, S. 268.

Gottes als unserem wahren Leben hinzugeben.“[13] Konsequent verwirft Fichte den Materialismus, weil für ihn die Dingwelt immer nachgeordnet ist: Gott (gedacht als das „anfängliche Wort“) ist Schöpfer aller natürlichen, das menschliche Vernunftwesen Schöpfer aller technischen Dinge. Die wahrgenommenen Erscheinungen treten ins Bewusstsein, offenbaren dort ihre intelligible Ordnung und ermöglichen erst dadurch dem Techniker, neuartige, künstliche Dinge zu fabrizieren. Nach Fichte sind wegen dieser menschlichen Schöpferkraft Wissensvermehrung und Kontemplation nicht allein erstrebenswert. Beschränkte sich die Seelentätigkeit darauf, ohne auch schöpferisch zu gestalten und hervorzubringen, dann wäre ein Verbindungsfaden zwischen der Seele und dem Schöpfer gerissen. Das selbstsüchtige, in der Selbstbespieglung ganz versunkene „Ich“ hielt Fichte für ein Schreckgespenst. Von der Erkenntniszur Sittenlehre sei es nur ein kleiner Schritt. Beide haben denselben „objektiv“ intelligiblen Ursprung. Selbsterkenntnis gehe konform mit Selbstgestaltung – rechtes Denken und rechtes Handeln seien zwei Seiten einer Medaille. Eine scharfe Trennungslinie zwischen der Ontologie und der Sittenlehre ist in der Fichte'schen Philosophie nicht vorgesehen (ein ähnlicher Gedanke wurde vom Quantenphysiker Chris Clarke aufgegriffen – siehe Seite 69).[14]

Da die Prämissen der idealistischen Seelenlehre den meisten Forschern unplausibel sind und das ganze Erscheinungsbild des Idealismus esoterisch und wissenschaftsfeindlich aussieht, fundiert und dirigiert einzig das anschauliche, materialistische Paradigma die moder-

---

[13] G. Teichmüller, Über die Unsterblichkeit der Seele, Dunker und Humbolt, Leipzig, 1874, S. 193.

[14] Fichte unterschied drei Stufen des Wollens: 1) Die Dinge werden ausschließlich als Mittel zur Bedürfnisbefriedigung angesehen. Ähnlich wie ein Tier sei der Mensch auf dieser Stufe kein wahrhaft freies Wesen, weil er sich zum ausschließlichen Diener seines Leibes herabwürdigt. 2) Auf der untersten Stufe der Selbstdurchsetzung wird die bloße Begierde nach Genuss durch Macht- und Herrschsucht erweitert. Die Versklavung des Selbst erfolgt nun hauptsächlich durch den Machttrieb. 3) Erst wenn der Vernunftwille dem Genuss- und Machtstreben Grenzen setzt, kann sich eine Gemeinschaft bilden, aus der freie Persönlichkeiten hervorgehen. „Der nationale Zusammenbruch, der Verlust der äußeren Freiheit ist die Folge des inneren, moralischen Gesunkenseins insbesondere in den Schichten der Regierenden, der oberen Stände. Kann das deutsche Volk sich wieder erheben?“ Fichte gab keine andere Antwort: "du kannst, denn du sollst" ... „Das Mittel zu dieser Erhebung aber liegt in der *Erziehung* der Jugend, der nationalen und demokratischen Erziehung zur Achtung vor der Persönlichkeit, zum Mut und zur sozialen Gemeinschaft anstatt der auf kluge Lebenskunst gerichteten Standeserziehung.“

ne „Seelenforschung“. Gerechtfertigt wird dieses Vorgehen durch den auf diesem Weg erzielten Erkenntnisgewinn. Niemand bleibt unbeeindruckt vom hohen Stand der bildgebenden, experimentellen und theoretischen Forschungsmethoden, vom Reichtum des in Lehrbüchern festgehaltenen neurobiologischen und psychologischen Wissens. Konsequent und systematisch wird von den Reduktionisten die „zweite Natur“ des Menschen – seine Seelentätigkeit – auf die erste, rein materielle Natur zurückgeführt. Sinneseindrücke können im Gedächtnis bleiben, wenn sie im Gehirn, nicht unähnlich wie in einem elektronischen Schaltkreis, abgespeichert werden. Jede Erinnerung hat daher einen materiellen Träger – ein lokalisierbares Bündel von Neuronen. Aber auch die vergleichende Denktätigkeit, die zum Kern des Seelenlebens gerechnet wird, fällt aus diesem Erklärungsschema nicht heraus, weil im Gehirn nicht nur „Bilder“ gespeichert werden können, sondern auch „Algorithmen“. Ähnlich wie der Mensch mit seinen Sinnesorganen Bilder, Töne, Gerüche aufnimmt und im Gehirn durch neuronale „Häufchenbildung“ festhält, nimmt er vermittels der Sprache Muster auf, die vorschreiben, wie die im Gehirn in Neuronennetzen abgelegten Vorstellungen zum Urteil verbunden werden. Dabei können durch „Informationsverlust“ oder durch „Einfließen“ von intern erzeugten Programmsequenzen individuelle Persönlichkeitsmerkmale hervortreten.

Keineswegs ist jedoch die höhere Seelentätigkeit eine geschlossene „Veranstaltung“ allein des Gehirns. Die Sprache muss mit einbezogen werden und mit dem Sprachraum auch die Sprachgemeinschaft. Weil auch die auf andere Individuen verteilten und mitgeteilten Erfahrungen das ganze Seelenleben mitbestimmen, erstrecken sich psychologische und neurobiologische Forschungsprojekte bis in die Soziologie hinein. In erster Annäherung entsteht der Eindruck, der Geist wirke selbstständig nur in sich selbst. Der zweite Blick lehrt, dass jede Änderung des individuellen und kollektiven Bewusstseins ihre Spuren im Neuronennetzwerk hinterlässt. Dabei ist sogar eher die Kommunikation in der Gemeinschaft ausschlaggebend für das Gedeihen der höheren Seelentätigkeit als die introvertierte Kontemplation. Jedes Kind muss eine Sprache erst erlernen, es kann nicht sein eigener Lehrmeister sein. Langsam, dem inneren Reifegrad folgend, der von den neurobiologischen Stimulanzien herbeigeführt wird, wachsen die geistigen Fähigkeiten erst heran durch die Anleitung und den Zuspruch der Bezugspersonen. Beabsichtigte oder unbeabsichtigte Störungen der geistigen Reifung hinterlassen bleibende Schäden. Doch auch dieser Kreislauf entlang der vernetzten Denkorgane mehrerer Individuen ist nichts „Jenseitiges“, er wird getragen und befeuert vom Informationsaustausch durch materielle „Datenträger". Ob infolge der Vernetzung von menschlichen „Denkmaschinen" neuartige Denkmuster (Programmsequenzen) emergieren können, die sich in einem dafür bereiten Denkorgan festsetzen, ist eine weitere Frage, welche dem materialistisch eingestellten Forscher die Ruhe nicht nimmt. Auch er darf es aussprechen, dass ein „unsichtbarer Odem" alles Denken und Reden dirigiert, denn dieser Odem ist punktgenau die Gesamtheit aller vergegenständlichten Denk- und Gefühlsmuster, aller vergegenständlichten Sittengesetze und Traditionen. Dass ein geeignetes Psychopharmaka das Seelische dämmt oder durcheinanderbringt, sei ein weiterer Beleg für die Gültigkeit der materialistischen Seelenlehren. Die Argumentationskette ist ebenso gradlinig wie überzeugend: Also ist auch die Seele das Resultat einer irgendwie vertrackten Teilchenbewegung, also ist die gesamte Wirklichkeit kausal geschlossene Teilchenbewegung, also ist auch das Einzelne wie das Ganze sinnlose Teilchenbewegung. Welcher Narr fragt heute noch nach der Unsterblichkeit der Seele? Schickt ihn fort – er möge über die Absurdität seines Daseins verzweifelt nachdenken, wir haben andere Sorgen. Lieber nicht erlöst werden, als die männliche Arbeit des Verstandes, als die Logik, als die Wissenschaft fahren zu lassen.

Dem modernen „Neurobiologismus" mechanistischer Prägung ist durch Hinweise auf momentane Erkenntnislücken nicht beizukommen. Argwöhnisch fragen die Fachleute nämlich zurück, wie denn der prinzipielle Einwand laute, der das materialistische Fundament der etablierten Theorie überhaupt gefährden könnte. Erwartet wird eine Argumentation, welche die feststehenden Ergebnisse der modernen Neurobiologie durchaus anerkennt und honoriert, sie aber in einem fremdartigen idealistischen Rahmen neu einzuordnen versteht.

Durch einen Seitenblick auf das angeblich benachbarte Forschungsgebiet zur „künstlichen Intelligenz" wird ein gewichtiger Einwand der Idealisten vorbereitet. Im Jahre 1937 stellte Konrad Zuse das erste frei programmierbare mechanische Rechenwerk Z1 vor. Alle Basiselemente eines modernen Computers waren in der Maschine schon implementiert, nämlich ein Leitwerk, ein Speicher, eine Programmsteuerung und eine Gleitkomma-Arithmetik. Einfache Rechenaufgaben löste das mechanische Gerät, indem Federkräfte eingebaute mechanische Schalter, Spangen und Winkelbleche in Bewegung setzten. In Abhängigkeit von der Aufgabenstellung, die durch die anfängliche Einstellung aller Schaltknöpfe ihre materielle Codierung erhielt, entfaltete sich im mechanischen Rechenwerk ein verwirrendes Kräftespiel, das durch Staubsaugermotoren, Stangen, Kniegelenke und Federn in Gang gehalten wurde. Zum Stillstand gekommen, zeigte das Gestänge an, was mechanisch „ausgeknobelt“ wurde. Dieses mechanisch-materialistische Konstruktionsschema grundsätzlich beibehaltend gelang den Entwicklern ein großer technologischer Schritt nach vorn, als mechanische durch elektrische Bauelemente ersetzt wurden. Man erkannte: Auch der Transport von Ladungsträgern durch Drähte, Widerstände, Spulen, Kondensatoren, Dioden und Transistoren konnte in einem Schaltkreis so organisiert werden, wie es das abstrakte Zuse'sche Rechenschema erfordert. Der technologische Fortschritt war exorbitant, der weltanschauliche Zugewinn, den die technische Innovation brachte, eher gering. Heute können kleine Taschencomputer (Smartphones) nicht nur Bilder und Stimmen aufnehmen und verarbeiten, sondern auch automatisiert aus dem world-wide-web Programmsequenzen (Apps) herunterladen und installieren. All das könnte eine mechanische Zuse Maschine auch, wenn nur die Feinmechanik auf ein erforderlich hohes Präzisionsniveau gehoben werden könnte. Neurobiologen greifen diesen Gedanken auf und ergänzen ihn im Sinne des „Transhumanismus“: Alle „Denkleistungen“ eines super-Computers könnten auch biologische „Denkmaschinen“ (menschliche Gehirne) erbringen, wenn nur die Verarbeitungsgeschwindigkeit der Information auf ein erforderlich hohes Niveau gehoben werden könnte. Leider ermöglicht die Umverteilung der biologischen Makromoleküle im Nervensystem keine hohen Taktfrequenzen des „organischen Mikrochips“ – ein Nachteil, der Transhumanisten zur „Verbesserung“ des menschlichen Denkorgans anspornt. Dessen ungeachtet basieren auch alle Aktivitäten im Gehirn fundamental auf dem Elektromagnetismus. Ladungsträger und deren elektromagnetische Wechselwirkungen, im Gewebe nun aber eingebunden in einen verwickelten „Chemismus“, sind die materiellen Träger des individuellen als auch „kollektiven“ Geistes. Die Leitidee der Neurobiologie und Kognitionsforschung ist der klassische Informationstheorie entlehnt, die sich, ihrer streng materialistisch-deterministischen Denkweise folgend, die anschauliche Schaltungstechnik zum Vorbild nimmt, nach der die logischen Gatter robuste elektrische Bauteile mit Ein- und Ausgangsdrähten sind. Subjektivität sei immer und grundsätzlich an lokalisierte, materielle Datenträger gebunden – darüber besteht offenbar Einigkeit unter den Spezialisten.[15]

[15] „An dem Buche eines Gelehrten ist fast immer auch etwas Drückendes, Gedrücktes: der ‚Spezialist‘ kommt irgendwo zum Vorschein, sein Eifer, sein Ernst,

Heftige Einsprüche gegen diese Behauptung der Mechanisten müssten gemäß des Quantenphysikalismus mindestens ebenso häufig erhoben werden, wie sie gegenwärtig unterbleiben. Denn der Quantentheoretiker sinnt über die Funktions- und Arbeitsweise von Computern ganz anderer Machart nach, nämlich über Quantencomputer. Dieses „Rechengerät“ – das wissen die Experten – fällt gänzlich aus dem mechanisch-materialistischen Rahmen heraus. Die „Bauteile“ dieser immerhin möglichen und in einfacher Form bereits realisierten „Geräte“, sind unteilbare Ganzheiten, sind also das, was Materialisten und erst recht Mechanisten einen undenkbaren Gedanken nennen. In der Tat scheint es in einem Quantencomputer zu spuken. Nehmen wir ein Beispiel. Um eine natürliche Zahl mit zirka 300 Dezimalstellen in Primfaktoren zu zerlegen, benötigt eine mechanische „Rechenmaschine“ (ob mechanisch, elektrisch, oder neurobiologisch realisiert), die mit einer Taktfrequenz von einem Terahertz rechnet, zirka 150000 Jahre. Ein Quantencomputer erledigt diese Aufgabe nebenbei in Sekunden. Der Leistungszuwachs ist erheblich! Quantencomputer und Quantenalgorithmen erweitern die aktuellen „Rechenleistungen“ auf unvorstellbare Weise. Verschränkte Quantenzustände, die nicht nur kein klassisches Bauelement erzeugen kann, sondern die nach der mechanisch-materialistischen Doktrin überhaupt nicht existieren können, ermöglichen eine Art „Informationsverarbeitung“, bei der, angefangen beim kleinsten „Datenträger“ bis hin zur „holistischen“ Programmabarbeitung, alles grundsätzlich anders abläuft als in den mechanischen Schaltkreisen der klassischen Computer. Kurz: Neben der Behäbigkeit des „mechanisch-materialistischen Denkens“ in Lochstreifen-Rechnern gibt es ein „neues Denken“ der unfassbar höheren Art von ganz anderer Komplexität, Organisation und Reichweite. Dieses „Denken“, zu dem nur verschränkte Quantenzustände verhelfen, kann durch keine materialisierte Schaltungstechnik simuliert werden. Wir sprechen hier von einer „anderen“, nicht gegenständlichen, vielmehr intelligiblen Wirksamkeit und Schaffenskraft, von der Quantenwelt, die aber durch und durch real ist. Die Wissenschaftler stehen erst am Anfang der Erforschung dieses weiten Feldes der nur dem Denken, nicht aber der sinnlichen Vorstellung zugänglichen, fremdartigen „Quanten-Intelligenz“. Ihre strikte Unverträglichkeit mit dem mechanischen Materialismus (ein Gemisch aus Steinchen macht die Seele) und ihre Tragweite ermöglichen und erfor-

sein Ingrimm, seine Überschätzung des Winkels, in dem er sitzt und spinnt, sein Buckel – jeder Spezialist hat seinen Buckel.“ F. Nietzsche, Wir Furchtlosen, Verlag E.W. Fritsche, Leipzig (1887), S. 60.

dern vor allem auch ein neues Nachdenken über das Seelenproblem. Ein Zitat von Jeremy Hayward abwandelnd[16] behaupte wir: Es scheint nunmehr nötig zu sein, unsere mechanisch-materialistischen Vorstellungen von „objektiver Wirklichkeit" grundsätzlich in Zweifel zu ziehen und den „geistartigen" Quantenhintergrund hervorzuheben. „Der wichtigste Gesichtspunkt ist hierbei, daß dies nicht auf irgendeine abstrakte Philosophie hinauslaufen wird, die mit der Alltagsrealität unseres Lebens wenig zu tun hat. Wenn wir unser Leben auf einen Überzeugungskontext gründen, der [den mechanisch-materialistischen Standpunkt] nicht voraussetzt, so wird das unser Leben und die Gesellschaft tiefgründig beeinflussen."

[16] J. Hayward, Die Erforschung der Innenwelt, Insel-Verlag, Frankfurt am Main und Leipzig, (1996), S. 45.

0.3 Neurobiologismus

Vor zirka einhundert Jahren fasste Ernst Haeckel seine Überlegungen zu den verbliebenen Welträtseln folgendermaßen zusammen: „Die Zahl der Welträtsel hat sich durch die angeführten Fortschritte der wahren Naturerkenntnis im Laufe des 19. Jahrhunderts stetig vermindert; sie ist schließlich auf ein einziges allumfassendes Universalrätsel zurückgeführt, auf das Substanzproblem".[17] Nur ein letztes Welträtsel stehe noch im Pflichtenheft der Grundlagenforscher – es betrifft die „wahre" Beschaffenheit der Grundsubstanzen (der Atome). Obwohl leider eine Lücke blieb, konnte Haeckel dennoch einen Abschluss proklamieren, weil er eine etwaige Lösung des allerletzten Rätsels für bedeutungslos einstufte. Er drückte sich so aus: „Aber was geht uns dieses mystische ‚Ding an sich' überhaupt an, wenn wir keine Mittel zu seiner Erforschung besitzen, wenn wir nicht einmal klar wissen, ob es existiert oder nicht? Überlassen wir daher das unfruchtbare Grübeln über dieses ideale Gespenst den ‚reinen Metaphysikern' ... ". Zwar sei die Unlösbarkeit des letzten großen Rätsels verbrieft, doch dürfe dies niemanden irritieren, weil ontologische Grundsatzfragen metaphysischer Art beiseitegeschoben werden dürfen und müssen. Das Nachsinnen über das „Ding-an-sich" drehe sich im Kreis abseits des möglichen und relevanten Wissens. Zur Lösung des letzten Welträtsels - „Was ist Materie?" – kann und braucht der Naturforscher nichts beitragen. Alle eventuell sogar erbaulichen Lehrstücke zur Erhellung dessen, was „wirklich da" ist, würden der Wissenschaft keinen Gewinn bringen, denn dem Forscher gehe es um etwas anderes. Haeckel brachte es auf die Formel: „Aus dem dunklen Substanzproblem entwickelte sich das klare Substanz-Gesetz. Der Monismus des Kosmos, den wir darauf begründen, lehrt uns die ausnahmslose Geltung der ‚ewigen, ehernen, großen Gesetze' im ganzen Universum. Damit vernichtet er aber zugleich die drei großen Zentraldogmen der bisherigen dualistischen Philosophie, den persönlichen Gott, die Unsterblichkeit der Seele und die Freiheit des Willens."[18] Naturphilosophisch sei das Weltbild der Forscher demnach grundsätzlich geschlossen, ungeachtet eines letzten Welträtsels. An die Seele, an ihre Unsterblichkeit, an einen persönlichen Gott mag man glauben – die Wissenschaft darf sich mit nicht-falsifizierbaren Spekulationen nicht beschäftigen. Haeckels Ato-

[17] Ernst Haeckel, Die Welträtsel, Alfred Kröner Verlag, Leipzig, 1908, S. 239.
[18] Ebenda, S. 240.

mismus (Monismus) im Kant'schen Gewand basiert auf einem einfachen Gedanken: Die elementaren Dinge-an-sich (Atome) sind der Erkenntnis prinzipiell entzogen. Dies ist jedoch unerheblich, schließlich geht es ausschließlich um die gesetzmäßigen *Erscheinungsweisen* des „dunklen Untergrundes". Auf dieser Plattform stehend sehen Forscher klare Bilder in Gestalt von Bewegungsgesetzen, nutzen sie Naturerkenntnisse für technische Innovationen und entwickeln Therapien zur Behandlung von Geisteskranken. Abgesehen vom blinden Fleck – dem Substanzproblem – ist der moderne Atomismus (Materialismus) im Sinne des Monismus kausal geschlossen. Die Geschmeidigkeit seiner monistischen Lehre ist allerdings bemerkenswert, weil Haeckel selbst den gewagten Gedanken zulassen konnte, Bewusstsein sei eine Elementareigenschaft aller Atome. Er schrieb: „Unter allen verschiedenen Anschauungen über die Verbreitung des Bewußtseins geht diese atomistische Hypothese am weitesten. Sie ist wohl hauptsächlich der Schwierigkeit entsprungen, welche manche Philosophen und Biologen bei der Frage nach der ersten Entstehung des Bewußtseins empfinden. Diese Erscheinung trägt ja einen so eigenartigen Charakter, daß ihre Ableitung aus anderen psychischen Funktionen höchst bedenklich erscheint; man glaubte daher dieses Hindernis am leichtesten dadurch zu überwinden, daß man sie als eine Elementareigenschaft aller Materie annahm, gleich der Massenanziehung oder der chemischen Wahlverwandtschaft. Es würde danach so viele Formen des Elementarbewußtseins geben, als es chemische Elemente gibt ..."[19] Jahrzehnte später vertrat der theoretische Physiker, Chris Clarke, einen ähnlichen Gedanken, den er, ausgehend von der „Quantenlogik", weiter ausarbeitete (siehe Seite 77).

Dank des ausgeklügelten und plausiblen Haeckel'schen Monismus fühlen Materialisten festen, naturphilosophischen Boden unter ihren Füßen. Wenige Worte genügen, ihr theoretisches Fundament zu charakterisieren: Im „Nichts-an-sich" (Raum, Zeit) tanzen prinzipiell unerkennbare „Dinge-an-sich" (Atome), deren erzwungene Schrittfolgen uns allerdings nicht verborgen bleiben. Nichts in diesem Schauspiel ist beständig oder an einem Ort gebunden – die Zeit endet nicht, der Raum endet nicht. Allein deshalb, weil das Nichts (der Raum-Zeit-Behälter) nicht erscheinen kann, sind alle Dinge Erscheinungen des verborgenen „Ding-an-sich-Urgrundes". Über ihn selbst bringen wir nichts in Erfahrung, dafür umso mehr, was er diktiert. Wäre bereits der nachweisbare technische Erfolg eines wissenschaftlichen Paradigmas beweiskräftig genug, Haeckels Weltbild wäre längst „bewiesen".

[19] Ebenda, S. 167.

Die moderne Neurobiologie verfährt strikt nach dem anschaulichen Schema des Haeckel'schen Monismus: Durch Zurückführung auf die zeitliche Abfolge der Zusammenballungen von „Nervensubstanzen" wird allen psychischen Erscheinungen wissenschaftlich ihr „Wesen" zugewiesen. Bestimmend ist allein der gesetzmäßig dirigierte Reigen der Dinge (Makromoleküle, Peptide, Neurotransmitter, Synapsen, Neuronen, ...). Auskünfte der Psychologen (der Phänomenologen) wollen die Neurobiologen (die „Fundamentalwissenschaftler") in ein einheitliches wissenschaftliches Schema einordnen, indem sie jede psychische Auffälligkeit auf einen zugrunde liegenden „Substanzstau" zurückführen.

Wissenschaftlich fundierte Beobachtungen seien die erfolgreichsten und daher empfohlenen Forschungsmethoden. Morphologen und Anatomen überschauen die schier unüberschaubaren Kataloge, in denen die mit dem bloßen Auge oder erst mit Mikroskopen sichtbaren Gestalten von Körperteilen, Organen, Geweben oder Zellen aufgeführt und beschrieben sind. Die makroskopische Anatomie ist längst durch ihr mikroskopisches Pendant ergänzt und erweitert worden. Wer heute noch leugnet, dass Organismen nach Plänen „gezimmert und verschraubt" sind, kann von Wissenschaftlern nicht ernst genommen werden. Im selben Atemzug wie die Zellanatomie, die Embryologie, die pathologische Anatomie muss auch die Neuroanatomie ehrfurchtsvoll genannt werden. In Lehrbüchern ist der Wissensstand ausführlich dokumentiert. Hier genügen Stichpunkte, um zu belegen, welche bestimmende Rolle die Substanzen und die sie ordnenden Baupläne in der Lehre des Neurobiologismus spielen. Das in DNS Molekülen niedergelegte Regelwerk enthält nicht nur alle Strukturinformationen für den Aufbau des Nervensystems, sondern auch das zeitliche Ablaufschema seiner Entwicklung. Es werden lebenserhaltende Kreisläufe sogar Jahrzehnte bevor sie einsetzen vom mikroskopischen „Schaltplan" in der DNS vorherbestimmt. Dabei sind alle reproduzierbaren Beobachtungen bestaunenswert, manche Mitteilungen geradezu atemberaubend.

Jeder Mensch hat schätzungsweise 86 Milliarden Gehirnzellen, die das gesamte zentrale Nervensystem aufbauen. Neuronen nennt man die Grundbausteine des Gehirns, sie bestehen aus dem Zellkörper, den Dendriten und Axonen. Jede Zelle ist über Synapsen mit anderen Neuronen verbunden. Ungefähr 100 Billionen Synapsen stehen im Gehirn bereit, um Verbindungen abgestuft zu hemmen oder zu aktivieren. Erregende Synapsen koppeln an Dendrite, hemmende an den Zellkörper. Vergleichsweise wenig, doch immerhin zirka 100 Millionen Nervenfasern gehören zum Cortex. Ein erheblicher Anteil davon sind intracorticale Faserzüge, welche den Cortex zwingen, sich laufend mit sich selbst zu beschäftigen. Dabei sind beileibe nicht alle Bauteile fest miteinander „verdrahtet". Vielmehr finden im corticalen Netzwerk nicht selten kurzentschlossene „Umbauten" statt, die hauptsächlich angeordnet werden von Neuromodulatoren (Acetylcholin, Noradrenalin, Serotonin, Dopamin; sie wirken zusammen mit Neuropeptiden und Neurohormonen), deren Aufgabe es ist, prä- und postsynaptische Reaktionen auszulösen. Bei der Ausschüttung von Neuromodulatoren herrscht keine Willkür. Darüber wird im subcorticalen Zentrum des Thalamus, des basalen Vorderhirns, des mesolimbischen Systems und der retikulären Formation „befunden".

Welcher „Baumeister" ist dermaßen versiert und behält beim Zusammensetzen und Verschachteln der zig Milliarden „Bauteile" noch die Übersicht? Bei aller Konzentration auf die Arbeitsorganisation, auf die zweckmäßige Anordnung aller Teile, muss sich der „Bauherr" auch noch um das stützende Gewebe kümmern, das aus Gliazellen besteht. Schließlich wird das Gehirn von drei Hirnhäuten umhüllt, um es vor Schadstoffen von außen zu schützen. Sie umschließen das Groß-, das Zwischen-, das Mittel-, das Klein- und das Nachhirn. Die Konstruktionsunterlagen sehen vor, dass den verschiedenen Hirnregionen unterschiedliche Aufgaben zufallen. Selbst das Charisma einer bewunderten Persönlichkeit und ihr Sozialverhalten sind nicht gottgegeben; vielmehr sind sie sichtbare Zeugnisse eines Kommandoregimes im Frontallappen. Wie und wohin sich die lebendige „Maschine" bewegt, wird in der primär-motorischen Rinde festgelegt und als „Marschbefehl" an die mobilen Einheiten (die Muskeln) ausgegeben. Was dabei innerhalb des Körpers geschieht, wird vom primären somatozensorischen Cortex protokolliert, der auch über die gesammelten Botschaften „beratschlagt". Im Scheitellappen wird „gelesen", „gerechnet" und das räumliche Vorstellen „geschult", im Hinterhauptlappen wird das Sichtbare gesehen, im Temporallappen das Hörbare gehört, „besprochen" und erinnert, im Riechkolben Gerüche gerochen und vom Kleinhirn werden „Übungsblätter" für die Schulung der Feinmotorik herausgegeben. Datenautobahnen sind zwölf paarige Nerven, die den Kopf, den Hals und die Organe im Rumpf miteinander verbinden.

Selbst die Unterteilung des Gehirns in zwei Hälften geht mit einer funktionalen Differenzierung einher. Die zwei Gehirnhälften sind hauptsächlich über den Balken (corpus callosum) mit seinen über 250 Millionen Nervenfasern miteinander verbunden. Beide Hälften erfüllen unterschiedliche mentale Funktionen, was Untersuchungen an Spalthirn-Personen bestätigen. Beim Rechtshänder kontrolliert die linke Hemisphäre alle sprachlichen Funktionen. Das logische, abstrakte und analytische Denken ist hier „beheimatet“. Dementsprechend werden dort Informationen in der Regel sequentiell abgearbeitet. Im Gegensatz dazu verläuft die Informationsverarbeitung in der nicht-sprachdominanten, rechten Hälfte des Gehirns nahezu parallel. Fast gleichzeitig werden Bilder gesehen, Musik gehört und die auf die Person bezogenen Umstände „wahrgenommen“ und „bewertet“. Die Auffassungsweise dieser Hirnhälfte ist hauptsächlich bildhaft, gefühlsbetont, schöpferisch und ganzheitlich. Um die volle Bedeutung von Sätzen in einem gegebenen Kontext zu verstehen, wird die linke Hemisphäre von der rechten „beratschlagt“. Wegen der Hemisphärenspezialisierung in Hinsicht auf unterschiedliche mentale Funktionen (links: Wissenschaft – rechts: Kunst) besteht im Gehirn eine funktionelle Asymmetrie, welche ebenfalls für die behauptete Verursachung des Geistes durch Substanzen Zeugnis ablegt.

Woher stammt nun aber das umfangreiche „Wissen“, welches den Bau- und Umbauplänen eingeschrieben ist, welches das Zusammenspiel zwischen den verschiedenen neuroaktiven Substanzflüssen orchestriert? Diese Wissensquelle sei die Evolution, sei der Zufall, dem man Zeit gegeben hat, sich zu „ordnen“ getreu des obersten Lebensprinzips: fressen müssen aber nicht gefressen werden wollen. Die Ausgänge der evolutionären Kämpfe ums Dasein legten und legen fest, wie Gehirne aufgebaut sind und wie sie funktionieren. Festgeschrieben ist das ganze Informationsbündel in den Genen, die von Generation zu Generation weitergegeben werden, mitunter modifiziert durch „Stapelfehler“. Das durch die Gene festgelegte „Vorwissen“ steht nicht zur Disposition, ist vielmehr verbindlich und macht Gehirne bis hin zu anatomischen Details vergleichbar. Kein Lebewesen kann sich von seiner angeborenen genetischen „Voreingenommenheit“ freimachen. Mehr noch, das von den Genen kommandierte Regiment ist extrem lernunwillig, konservativ, ja geradezu fortschrittsfeindlich. Eine brauchbare Lösung wird über Jahrmilliarden mit einer skandalösen Penetranz durchgehalten. So sind beispielsweise die Funktionsweisen von Nervenzellen einer Schnecke praktisch völlig identisch mit denen in der menschlichen Großhirnrinde. Angefangen bei Vögeln bis hin zum Menschen erfolgt der Aufbau von Gehirnen nach einem einheitlichen Schema, mit einem detailliert vergleichbaren Resultat. Trotz ihrer extremen „Abwehrhaltung" gegenüber Neuerungen, muss der Biosphäre jedoch auch Experimentierfreude zugeschrieben werden, um zu verstehen, warum ihr nicht schon im Kambrium die Ideen ausgegangen sind für die weitere Evolution.

Zum Fundus aller naturgegebenen Verfahrensanleitungen für gelingendes Leben gehört aber noch sehr viel mehr als das individuell an manchen Stellen geschwärzte Buch aller genetischen Bauanleitungen. Wir erwähnen die „Reifung" des Gehirns. Wie kann das Erwachen des Geistes in der Kindheit wissenschaftlich dargestellt werden? Legen die Gene den Aufbau des Nervennetzwerkes fest und bestimmen somit die Hardware des neuronalen „Seelencomputers"? Werden anschließend, in der frühen Kindheit, Erfahrungen gebündelt und zu Handlungsanweisungen verarbeitet, welche mit einer hochgeladenen Software vergleichbar sind? Nein! Das gesamte genetische und erworbene Wissen, das die Sinnhaftigkeit der neuronalen „Datenverarbeitung" garantiert, ist allein in der Verschaltung der Nervenzellen codiert. Lernen bedeutet daher strikt: Umorganisation von materiellen Trägern der geistigen Leistung. Eine Trennung zwischen Soft- und Hardware ist für Computer, nicht aber für Gehirne sinnvoll. Einzig die Art der „Verknäulung" von Nervenzellen sowie die rückbezügliche Wichtung der eingegangenen Verbindungen zwischen ihnen ist ausschlaggebend. Alles was die Welt des lebendigen Geistes ausmacht, das lehren Neurobiologen in allen Hörsälen, sind zwangsläufig Emanationen (determinierte Eigenschaften) von immer wieder neu sensibilisierten, gewachsenen Nervennetzwerken. Jede neue Konstellation der neurobiologischen Substanzen impliziert neues Reagieren, Fühlen und Denken. Der Geist ist eine Eigenschaft der Materie. Neues Wissen (erworben oder geerbt) muss aufgefasst werden als die Eigenschaft einer Verschaltungsänderung im neuronalen Netzwerk.

Diese Erkenntnis steht Neurobiologen dermaßen klar vor ihrem geistigen Auge, dass sie keinen Zweifel an ihrer Schlussfolgerung dulden: *das Gehirn bringt die Seele hervor*, wobei sich das materielle, neuronale Geschehen in ihm in abwechselnde, sichtbare „Stimmungsbilder" äußert, denen manche Philosophen fälschlich den weihevollen Namen „Seele" geben.[20]

Der vom „Himmel gefallene Plan" für den „Fertigungsprozess" des Nervengewebes schließt sowohl den langwierigen Auf- als auch Abbau

[20] Eine lesenswerte und lehrreiche Übersicht gibt das Buch von G. Roth und N. Strüber: Wie das Gehirn die Seele macht, Klett-Cotta, Stuttgart, 2018.

ein. Wann ist ein Optimum erreicht, wann gelangt die vom Spiel der Substanzen diktierte Reifung an ihr „Ziel“? Dienen alle „Stellschrauben“ einer ständigen „Höherentwicklung“ hin zum glorreichen Ende, nämlich dem völligen Verlust des Verstandes im Alter oder beruhigt sich vorher der Fluss neurotransmittierender Säfte, schweigt die antreibende Stimme der Gene einmal, so dass der Körper ausrufen darf: Heureka, nun bin ich ausgereift, „Gott“ hat sein Ziel mit mir erreicht? Ist gar die selige Kindheit der Höhepunkt in der Persönlichkeitsentwicklung, welche die biologischen Substanzen vorantreiben? Unbekümmertes Spielen und Raufen, zwangloses Lernen und wieder Vergessen, seliges Gottvertrauen – wer hat nicht beim Erinnern an diese Zeit des Heranwachsens Tränen im Auge? Dabei bleibt gerade in der Kindheit kaum ein neuronaler „Stein“ auf dem anderen. Zwar steht ein Teil der „Grundmauern“ schon, doch wird manches wieder abgerissen und überall auf- und umgebaut. Zusammen mit den genetischen und epigenetischen Vorgaben bestimmen hauptsächlich die vor-, früh- und nachgeburtlichen Umgebungseinflüsse den Entwicklungsgang der Psyche. In den ersten Lebensjahren wird durch die Interaktion dieser Einflussfaktoren der „Rohbau“ fertiggestellt, das „Richtfest“ aber erst nach zirka 14 Jahren gefeiert. Wer anschließend das „Reihenhaus“ in ein „Parlamentsgebäude“ umbauen möchte, muss mit der Abrissbirne anfangen und darf nicht einmal das Fundament stehen lassen. Kinder kommen mit einem vollen Satz von Nervenfasern auf die Welt. In der frühkindlichen Entwicklungsphase wachsen die Fasern weiter aus und es wird an ihren Verschaltungen, besonders in der Großhirnrinde, hart „gearbeitet“. Nur die ständig benutzten Verbindungen bleiben bestehen, 30 bis 40 % aller angelegten Verknüpfungen gehen wieder verloren. Dabei folgt das ständige „hier aufbauen“, „dort einreißen“ einem „Plan“. Unterschiedliche Gehirnareale entwickeln sich nachweislich zu unterschiedlichen Zeiten. Bis zum Alter von drei bis vier Jahren hat das Kind keine bewusste Erinnerung, das erworbene Wissen bleibt unterschwellig, ist aber renitent. Erst wenn nach dem vierten Lebensjahr die Frontalhirnstrukturen ausreifen, entsteht das deklarative Gedächtnis. An der in der frühen Kindheit erworbenen Verhaltensdisposition kann später kaum mehr gerüttelt werden.[21] Das Fundament steht – wer es mit einem „Pressluftham-

[21] In seinem Roman „Schöne neue Welt“ empfahl Aldous Huxley den Herrschenden, von dieser Erkenntnis zu profitieren. In Brutschränken mit Nährlösungen werden Embryonen standardisiert gezüchtet, bis sie „entkorkt“ und einer maschinellen Indoktrination ausgesetzt werden. Die familiäre Lebensform wurde in der schönen Welt abgeschafft: Von der Ehe für alle zur Ehe für niemanden. Selbst die frühsexuelle Verkrüppelung der Kinderseelen stand auf dem Pro-

mer“ bearbeitet, legt bestenfalls Schutt („überlernt“) auf die eingemeißelten Verhaltensmuster. In der Pubertät kann schließlich durch die Ausreifung des Präfrontalhirns die Integration des Jugendlichen in das Sozialsystem erfolgen, weil nun die Umwelt, die Kultur, die Sitten und Gebräuche die sensibilisierte Gehirnarchitektur „beein*drucken*“ können. Wenn Erwachsene lernen, ändert sich auf der neuronalen Ebene hauptsächlich die Durchlässigkeit der bestehenden Schaltstellen. Vom Umbau sind also vor allem die Synapsen betroffen – die Kontaktstellen zwischen den Nervenzellen. An welche mentale Funktion man auch denkt, sie alle beruhen auf neuronalen Leistungen, die irgendwo im Gehirn erbracht werden.

Gilt diese wissenschaftlich belegte Erkenntnis auch für die höheren kognitiven Leistungen des Menschen? Ist auch das Bewusstsein eine Eigenschaft von Substanzen, die sich selbst koordinierend durchmischen? Bringt jedes Gehirn – auch das eines Tieres – ein selbstbewusstes Seelenleben hervor oder ist Selbstbewusstsein an bestimmte Großhirnareale gebunden, die nur im menschlichen Gehirn vorkommen? Allein das Anhäufen von Gehirnsubstanz im Verlauf der Evolution führte nicht zum Durchbruch. Elefanten und Schwertwale haben viel größere Gehirne als wir, besser knobeln können sie deswegen nicht. Die Anforderungen an den Baumeister „Natur“ verlagerten sich von der simplen Materialbereitstellung auf die Verarbeitungsseite. Den zusätzlich angehäuften „Bausteinen“ in der Großhirnrinde musste eine andere, komplexere Aufgabe zugewiesen werden. Nicht zur Komplettierung sensorischer und motorischer Funktionen, nicht für das bessere „sich-durchbeißen“ sind die stammesgeschichtlich neuen Areale vorgesehen, sondern zum scheinbar nutzlosen „Überdenken“ des kognitiven Geschehens selbst (Selbstbewusstsein). Zu diesem Zweck wurden corticale Bereiche der Großhirnrinde hauptsächlich mit sich selbst verknüpft. Einzelne, ausgewählte Signale aus der Umgebung und vom eigenen Körper werden in dieser „geschlossenen Gesellschaft“ wieder und

gramm von Huxleys Wissenschaftsdiktatoren. Der Direktor des Zentralen Londoner Brutstätten- und Konditionierungszentrums klärt seine Studenten auf: „Während langer Jahre vor der Zeit Unseres Ford ... hatte man erotische Spiele zwischen Kindern für unmoralisch gehalten (hier erscholl dröhnendes Gelächter), nicht nur für unnormal, für regelrecht unmoralisch (nein!), und sie daher rigoros unterdrückt.“ (A. Huxley, Schöne neue Welt, Verlag Das Neue Berlin, S. 32.) Wer heute frühsexuelle „Erziehung“ und „Gendermainstreaming“ ablehnt, steht schon am Pranger. Dürfen wir hoffen, schon bald in dieser „schönen neuen Welt“ anzukommen?

wieder „besprochen“ bis zum Verkünden einer verbindlichen Direktive. Dabei werden auch diese „vertrackten“ Informationsflüsse aufgefasst als „Metarepresentationen“ von geeignet verteilten Gehirnsubstanzen. Durch die interne Kommunikation vermittels von Erregungsmustern wird eine sinnvolle geistige Schichtstruktur erzeugt. Iterativ werden auf höheren Ebenen die „Überlegungen“ immer anspruchsvoller, die Abläufe immer komplexer. Wie gehen die Substanzen vor, um sich sogar auf übereinander gestapelten Metaebenen zu repräsentieren? Das Zauberwort lautet: „Selbstorganisation“. Komplexe dynamische Prozesse können in ordnungs- und strukturbildende Zustände gelangen, die rückwirkend, von ihrem erreichten Stand aus, dem ganzen System eine vorgegebene Entwicklung aufzwingen (versklaven). Mechanisch-materialistisch und dabei selbst-organisierend verschafft sich die Großhirnrinde selbst unterschiedliche Organisationsebenen, die wiederum rückwirkend die Gehirnaktivitäten gemäß der selbstorganisierten Versklavung steuern. Zu diesen Interpretationsebenen des kognitiv-emotionalen Geschehens gehören auch das Bewusstsein und die Ich-Erfahrung. Dass eine gebietende Ordnungsstruktur des Nervensystems – das Bewusstsein – tatsächlich eine reale „Verschiebung der Gehirnbausteine“ rückwirkend hervorrufen kann, ist hinlänglich bekannt. Bestimmte neuronale Umbauten werden ausschließlich vom bewussten Gehirn veranlasst, ohne allerdings die bevormundende Mitwirkung der unbewussten „Einflüsterungen“ entbehren zu können. So werden beispielsweise Umweltreize zuerst (in der Zeit von 200 bis 300 Millisekunden) an das Unterbewusstsein verwiesen, von subcorticalen limbischen Zentren bewertet, ehe sie dem Bewusstsein weitergemeldet werden, vorausgesetzt sie erhielten zuvor das Etikett „potentiell wichtig“. Wir müssen es den Fachleuten überlassen, diese bahnbrechenden Erkenntnisse über die höheren geistigen Leistungen des Gehirns in einem Merksatz zusammenzufassen: „Die spezifischen Eigenschaften des Cortex weisen ihn als ein dissipatives, d.h. zur Ordnungs- und Mustererzeugung fähiges System höchster Komplexität und Dynamik bei hohem Energiedurchsatz aus. ... Weiterhin kann aus der extrem hohen Binnenverdrahtung der Großhirnrinde gefolgert werden, dass die corticale Informationsverarbeitung hauptsächlich intrinsisch gesteuert wird. Der Cortex – so haben wir festgestellt – ist ein *selbstreferentielles* System.“[22]

Trotz aller komplexen, dynamischen Rückbezüglichkeit, die den

[22] G. Roth, N. Strüber, Wie das Gehirn die Seele macht, Klett Cotta, Stuttgart, 2018, S. 269.

neuronalen Aktivitäten zugeschrieben und durch bildgebende Verfahren erforscht wird, bleibt eine Erklärungslücke, die Lokalisation eines Koordinierungszentrums betreffend. Wo werden im Gehirn alle Informationen gebündelt, bewertet und zu Handlungsanweisungen für die Motorik, Sensorik und deren emotionale Begleitung verarbeitet? Wo ist dieses Zentrum lokalisiert, wo ist der Sitz der Seele? Tatsächlich ist dieser „Ansprechpartner" gar nicht lokalisierbar, weil seine Leistungen von einem weit verteilten Netzwerk von Nervenfasern erbracht werden. Zur Koordinations- und Entscheidungsinstanz gehören Milliarden neuronale Verbindungen zwischen den Seh-, Gehör- und Empfindungszentren, deren Aufbau genetisch festgelegt ist und die ein gleichartiges Muster in Tier- und Menschengehirnen haben. Evolutionär durchgesetzt hat sich ein „demokratisches Verfahren", die Teilnahme vieler Akteure an der Entscheidungsfindung, während sie ansonsten alle die ihnen zugewiesenen Aufgaben zu erfüllen haben. Es bleibt dabei: Auch die Seele – das alle Informationen integrierende Zentrum, welches das Ich konstituiert – ist, nach allem, was Neurobiologen wissen, eine zeitlich kontinuierliche Repräsentation globaler Ordnungszustände der Großhirnsubstanzen.

Diese, das Seelenleben betreffende allgemeine Arbeitshypothese, geht allerdings dem Hauptproblem aus dem Weg. Obwohl sich Seelenforscher unter den Neurobiologen sehr darum bemühen, trifft keines ihrer anschaulichen Bilder den Kern der Sache. Wir geben ein Beispiel. Auf den ersten Blick scheint der Vergleich der höheren Seelentätigkeit mit einem Orchester zielführend zu sein. Die verschiedenen Instrumente sind real vorhanden, ebenso wie die vernehmbaren Töne (es sind Schallwellen) und das dem Gehörten begleitende Harmoniegefühl. Alles ist mit bildgebenden Verfahren darstellbar. Das Problem liegt in der Komposition: Wer schreibt die Partitur, wer dirigiert das Orchester? Spielt jedes Instrument nach eigenem Gutdünken, so entsteht erst nach „unendlich" vielen Fehlversuchen einmal ein Meisterwerk, das Komponisten im Handumdrehen immer und immer wieder gelingt.

Kommt der Erkenntnisfortschritt durch eine geänderte Wortwahl voran? Es wird gesagt: Wir haben es 1. mit unglaublich ausgeklügelten Regelwerken zu tun, mit 2. koordinierten raum-zeitlichen Erregungsmustern in einer Wolke weit verteilter Neuronen, die sich ad hoc zu einem kurzzeitigen kohärenten Ensemble zusammenschließen, mit 3. einem kohärenten metastabilen Zustand eines massiv distributiv organisierten Systems, dessen Dynamik nichtlinear und dessen Zustand nicht zerlegbar ist. Befriedigt auch nur eine dieser Erklärungen? Goethes Spott, den er Mephisto in den Mund legte, drängt sich hier auf:

„Denn eben wo Begriffe fehlen, da stellt ein Wort zur rechten Zeit sich ein. Mit Worten läßt sich trefflich streiten, mit Worten ein System bereiten, an Worte läßt sich trefflich glauben ...“

Schlagworte und unbegründete Spekulationen überzeugen nicht. Wir behaupten: Das mit dem Seelenphänomen aufgeworfene Verständnisproblem ist anspruchsvoll und ungelöst. Zur Konkretisierung und Veranschaulichung dieser Behauptung sind Bemerkungen über den genialen indischen Mathematiker, Srinivasa Ramanujan, gut geeignet. Aufgewachsen in ärmlichen Verhältnissen, litt er oft Hunger und hatte zeitlebens gesundheitliche Probleme. Zwei Lehrbücher, die eher den Charakter von Formelsammlungen hatten, machten ihn im Knabenalter mit der Höheren Mathematik bekannt und entfachten in ihm eine phänomenale mathematische Schöpferkraft. Im Verlauf seines kurzen Lebens (1887-1920) gab er nicht weniger als 4000 Identitäten, Gleichungen und Beweise an, von denen fast alle die Fachleute in Erstaunen versetzten. Dabei hatte er keinen Hochschulabschluss, beeindruckte aber mit seinem guten Gedächtnis und mit außerordentlichen rechnerischen Fähigkeiten. Im Kopf berechnete der 17 jährige Ramanujan die Euler-Mascheronische Zahl auf 15 Stellen hinter dem Komma genau.[23] Von Mathematikern besonders hervorgehoben wurde Ramanujans überragende Begabung, neue, komplizierte Formeln intuitiv angeben zu können, noch bevor er dafür einen Beweis oder Lösungsweg gefunden hatte. Selbst im Traum entdeckte er, so wird berichtet, komplizierte mathematische Zusammenhänge.[24] Viele, der von ihm flink hingeschriebenen Gleichungen und Definitionen haben andere Mathematiker aufgegriffen, Beweise angegeben oder eine ganze Theorie darauf aufgebaut.

Bekanntgeworden ist Ramanujans Formel zur Berechnung der Kreiszahl π, die er 1914 veröffentlichte zusammen mit Untersuchungen von elliptischen Integralen und Modulfunktionen:

$$\frac{1}{\pi} = \frac{2\sqrt{2}}{9801} \sum_{n=0}^{\infty} \frac{(4n)!(1103 + 26390n)}{(n!)^4 396^{4n}}. \tag{0.1}$$

[23] Für diese Zahl γ gilt: $\gamma = \lim_{n\to\infty} \left(1 + \frac{1}{2} + \cdots + \frac{1}{n} - \log n\right)$.

[24] Ramanujan gab an: „While asleep, I had an unusual experience. There was a red screen formed by flowing blood, as it were. I was observing it. Suddenly a hand began to write on the screen. I became all attention. That hand wrote a number of elliptic integrals. They stuck to my mind. As soon as I woke up, I committed them to writing.“

Auffällig ist die schnelle Konvergenz dieses Verfahrens. Bill Gospar nutzte im Jahr 1985 die Ramanujan'sche Gleichung, um π auf 17 Millionen Stellen hinter dem Komma zu berechnen. Mathematiker kennen noch ganz andere, tiefer gehendere „Wunderwerke“ des mathematischen Genies, welche unter anderem die Riemann'sche Vermutung, die Stringtheorie und die Quantentheorie schwarzer Löcher betreffen. Von dem langjährigen Mitarbeiter und Förderer, dem Mathematiker Godfrey Harold Hardy, der am Trinity College in Cambridge lehrte, wurde folgende Anekdote berichtet: „Suppose that we rate mathematicians on the basis of pure talent on a scale from 0 to 100. Hardy gave himself a score of 25, Littlewood 30, Hilbert 80 and Ramanujan 100.“ Ähnlich ehrfurchtsvoll wurde von Frank Aiello hinzugefügt: „Truly, it was very difficult for any mathematician to teach Ramanujan any formal mathematics for the simple reason that any attempt to do so led to a flood of new ideas, each more original than the last.“[25]

Was uns hier interessiert ist die Frage, wie sich neuronale Stoffe in einer Weise selbst organisieren können, dass ihr „phänomenologisches Muster“ beispielsweise in der sichtbaren Form der Gleichung 0.1 für die Kreiszahl π erscheint? Woher nehmen die Neuromodulatoren, die Verschaltungsarten der Neuronen und andere Substanzen ihr tiefes Wissen über abstrakte mathematische Zusammenhänge – aus der Evolution, aus der Vererbung, aus dem Wissenserwerb? In Anbetracht der außerordentlichen Begabung Ramanujan's spitzen sich diese Fragen zu. Wir illustrieren das Problem. Da Mäuse nach und nach lernen, ein Labyrinth zielbewusst zu durchqueren, ist die Vorstellung der Neurobiologen plausibel, dass sich in den Mäusegehirnen von Versuch zu Versuch „Merkstoffe“ akkumulieren, die ihnen schließlich als Wegweiser dienen. Wenn nun aber jemand den direkten Weg zum Ausgang für alle möglichen Labyrinthe immer und immer wieder kennt, ohne ihn durch Fehlversuche erlernen zu müssen, handelt es sich dann nicht um ein Wunder? Viele exorbitante Resultate hat Ramanujan nicht „herbeigerechnet“, sondern genial intuitiv „erraten“. Warum „spiegeln“ sich in den Bewegungsgesetzen der „Gehirnstoffe“ dieses Genies auch abstrakte Teile der Mathematik, welche gar nicht zur gesetzlichen Ordnung des Stofflichen gehören? Unsere Hypothese steht plötzlich erneut im Raum: Die Haeckel'sche (mechanistische) Naturgesetzlichkeit ist nicht kausal geschlossen. Dabei ist zu beachten, dass diese offensichtlich nichtmechanisch ablaufenden neuronalen Vorgänge in den Gehirnen großer Denker durchaus auch einen nicht-algorithmischen Charakter haben

[25] F. Aiello, Ramanujan's Thoughts from God, arXiv:1707.03379, 2017.

können (siehe Seite 56).

Dieser gewichtige Hinweis muss vertieft und wiederum an einem Beispiel veranschaulicht werden. Wir erwähnen die rekursiv erzeugte Goodstein'sche Zahlenfolge, deren Glieder, in Abhängigkeit vom Startwert, rasch anwachsen. 1982 konnten Kirby und Paris streng beweisen, dass es über die Konvergenz oder Divergenz dieser Zahlenfolge im Rahmen der Peano-Arithmetik keine allgemeinen Aussagen gibt. Eine Beweismaschine, die aus den Axiomen der Zahlentheorie all ihre Schlüsse zieht, kommt daher zum Resultat: Ob alle Goodstein-Folgen konvergieren oder divergieren ist grundsätzlich unbekannt – auch „Gott" kann es nicht wissen. Dennoch konnte mit Mitteln, welche die Peano-Arithmetik nicht zur Verfügung stellt, bewiesen werden, dass jede Goodsteinfolge bei Null endet. Der Beweis gelang einem Mathematiker, der sich nicht vom scheinbar vorgegebenen Algorithmus fesseln ließ, der vielmehr von der „Intuition" beflügelt, unerschrocken und unalgorithmisch in ein anderes Gedankengebäude „sprang", um dort über die alte Sache noch einmal neu nachzudenken. Und siehe da: Die Neuronen und Synapsen in seinem Gehirn verabreden sich unvermittelt, ein Erregungsmuster zu erstellen, das nach außen sichtbar gemacht wurde und das Etikett „Goodstein-Theorem" trägt. Es besagt: unabhängig vom Anfangswert konvergiert jede Goodsteinfolge immer gegen Null. Wie konnte dieser menschliche „Denkapparat" Gott über die Schulter schauen? Er hielt sich nicht an die algorithmische Zwangsläufigkeit einer Maschine, die meint, sich an die einprogrammierten Regeln halten zu müssen, vielmehr sprang er, beileibe nicht blind, in einen anderen intelligiblen Regelkreis (die Lehre von unendlichen Mengen), um erst mit diesem „fachfremden" Wissen jene tiefere, eigentliche Wahrheit zu entdecken.

Warum müssen wir hier innehalten und den Gedanken festhalten? Die folgerichtige zeitliche Entwicklung eines Zustandes (das algorithmische Abarbeiten) schreibt nicht nur die klassische (mechanisch-materialistische) Physik vor, sondern auch die Quantenphysik. Eine von dieser Zwangsläufigkeit abweichende rigorose Naturtheorie ist bisher nicht bekannt. Nun ist nach Haeckels Lösung aller Welträtsel allein die Naturgesetzlichkeit bestimmend, in sich konsistent und geschlossen, während das Nachsinnen über das unlösbare Substanzproblem keinen Erkenntnisgewinn erbringt. Wie kann daher verstanden werden, dass überhaupt nicht-algorithmisch ablaufende Ereignisse existieren? Wurde ein fundamentales Naturgesetz noch nicht entdeckt oder muss über die Kant'sche Abwertung des Substanzproblems doch neu nachgedacht werden?[26]

[26] Dass alles algorithmisches Schließen zwangsläufig nicht-entscheidbare Lücken

Eine ebenso hohe Beachtung, die diesen abstrakten Argumenten gebührt, wird ihnen von praktizierenden Psychologen leider ebenso strikt verweigert. Und das ist verständlich: Unmöglich kann der Psychiater, der Neurobiologe dem Stoffaustausch die führende, ja alles entscheidende Rolle absprechen. Die Erfahrungen und Erkenntnisse der Fachleute lassen einfach keinen Spielraum für metaphysische Spekulationen über die Seele, auch wenn sie, verkleidet im Gewand abstrakter Theoreme, Unruhe stiften wollen. Unstrittig sind es die Substanzen, welche die geistige Entwicklung vorantreiben, wenn sie regelkonform fließen und Geisteskrankheiten hervorrufen, wenn die Mischungsverhältnisse nicht stimmen. Das zusammengetragene Wissen der profunden Wissenschaft „Psychiatrie“ ist umfangreich, beeindruckend und für den praktizierenden Arzt unverzichtbar.

Durch ein willkürlich herausgegriffenes Beispiel wird das Gemeinte verdeutlicht. Unser Stichwort heißt „Borderline Persönlichkeitsstörung“. Die „stoffliche“ Grundlage dieser mentalen Auffälligkeit ist die gestörte Synthetisierung von Neuromodulatoren sowie die anormale Art, Anzahl und Empfindlichkeit der ihnen zugeordneten Rezeptoren. Patienten dieser Kategorie sind ständig innerlich angespannt, launenhaft, streitsüchtig und allgemein emotional instabil. In den Wutausbrüchen einerseits und der Suche nach zwischenmenschlicher Verbundenheit andererseits manifestiert sich das aussichtslose Bemühen der Borderlinepersönlichkeit, ein stabiles Selbstbildnis aufzubauen. Der Neurobiologe sieht bei ihnen ein vermindertes Volumen des Hippocampus, der Amygdala und des orbitofrontalen und anterioren cingulären Cortex. Die Reizbarkeit der Borderliner ist wegen der höheren Vasopressinkonzentration in ihrem Nervensystem gesteigert, während die verminderte Oxytocinfreisetzung es ihnen erschwert, die Gemütsverfassung ihrer Mitmenschen richtig zu beurteilen und ein Vertrauensverhältnis aufzubauen. Trotz dieser Störungen, die den Psychotherapeuten zu Recht auf den Plan rufen, sind Borderlinepatienten nicht schlechthin „geisteskrank“, vielmehr kann insbesondere ihre hohe Sensibilität den Anstoß

---

lässt, beweisen nicht allein einzelne Beispiele. Die Frage: „Gibt es in Lochstreifen gestanzte Programme, welche ein universelles ‚Denkgerät‘ (Turing-Maschine) alle Wahrheiten eines Fachgebiets einsammeln lässt?“, hat eine unerwartete Antwort. Sie gab der geniale Logiker des 20. Jahrhundert, Kurt Gödel: Wahrheit und Beweisbarkeit sind nicht identisch. Eine regelbasierte Wahrheitssuche findet nicht alle wahren Aussagen auf ihrem Terrain. In diesem Sinne ist echte Schöpferkraft auf allen Gebieten nicht algorithmisierbar und jeder Maschine fremd, auch wenn sie noch so viele Neuromodulatoren, Axone und Synapsen, geordnet durch eine „Betriebsanleitung“ (nach den klassischen Naturgesetzen), in Stellung bringt.

geben zur Entfaltung bewunderungswürdiger Persönlichkeitsmerkmale. Forschungsergebnisse, die andere psychische Krankheitsbilder zum Gegenstand haben, führen auf ähnliche allgemeine Schlussfolgerungen: Nicht nur „niedere“ Instinkte, sondern auch die Charaktere der gottgegebenen Persönlichkeiten verdanken sich dem „Fließgleichgewicht der neuronalen Substanzen“.

Eingedenk der scheinbaren Universalität des mechanisch-materialistischen Paradigmas, das den praktizierenden Psychologen ebenso wie den theoretisierenden Neurobiologen gleichermaßen weiterhilft, können prinzipielle Erwägungen zur Offenhaltung des Seelenproblems nicht auf breites Interesse stoßen. Kritische Hinweise auf einzelne, noch verbliebene Lücken in der „modernen Seelenlehre“ tragen den Makel der Spitzfindigkeit. Ernst Haeckel's Einschätzung behält ihr Gewicht auch heute noch: Das Mysterium „Seele“ steht und fällt mit dem Mysterium „Substanz“. Doch letzteres ist profund, wie die Quantenphysik lehrt, so dass auch die tiefliegenden Grundlagen der Seelenforschung längst nicht ausgeleuchtet sind.

Das Substanzproblem ist nämlich in der Tat nicht irrelevant, es ist kein „metaphysisches“ Scheinproblem, vielmehr steht es im Zentrum der modernen Naturforschung. Werner Heisenberg, der Mitbegründer der Quantenphysik, formulierte es so: „Vom Standpunkt der neuen Naturwissenschaft aus ist es nicht allgemein möglich, den Substanzbegriff von dem Begriff der Gesetzmäßigkeit abzulösen.“[27] Die Scheu vor der Frage nach der Beschaffenheit des „Urstoffes“ war nach Max Plancks folgenschwerer Entdeckung bald gewichen. Zur Gruppe der Grundlagenforscher, welche die quanten-theoretische Substanzforschung fundierten, gesellten sich weltweit viele Anwender, die den Ausbau der fundamentalen Theorien vorantrieben. Alle arbeiteten am neu entdeckten „Welträtsel“ – dem Substanzproblem – alle trugen Wissensbausteine zusammen, aus denen ein monumentales, neues Naturbild entstand. Müssen aber alle elementaren „Bauklötzchen“ tiefgründiger aufgefasst werden, so auch alles daraus Zusammengesetzte und alle Gesetze für das Zusammensetzen. Demzufolge gibt es ein Wissen, das dem Augenschein entspricht und ein Wissen, das tiefer geht, das von einem „dahinter“ weiß, ein Wissen, das Metaphysikern schon immer vorschwebte, über dessen Glaubwürdigkeit sie aber nur appellierend sprechen konnten. Auf diese Doppeldeutigkeit des Wissens wies der Physiker Ed-

[27] W. Heisenberg, Ordnung der Wirklichkeit, Serie Piper, München, Zürich 1989, S. 55.

dington 1928 hin[28]: „Ich brauche Ihnen nicht zu sagen, daß mir die moderne Physik durch minutiöse Prüfung und unbarmherzige Logik versichert hat, daß mein zweiter, wissenschaftlicher Tisch der einzige ist, der wirklich da ist – wo immer sich dieses ‚Da' befinden mag. Auf der anderen Seite brauche ich Ihnen nicht zu sagen, daß die moderne Physik es niemals schaffen wird, mir den ersten Tisch auszutreiben, der sichtbar vor meinen Augen steht und den ich mit Händen greifen kann ... Provisorisch betrachten wir daher den Tisch, der das Objekt physikalischer Forschung ist, als vollkommen getrennt von dem vertrauten Tisch, ohne die Frage ihrer endgültigen Identifizierung vorwegzunehmen. Es trifft zu, daß die gesamte wissenschaftliche Untersuchung von der vertrauten Welt ausgeht und wieder zu ihr zurückkehren muß, aber der Teil der Reise, auf dem der Physiker die Aufsicht führt, liegt auf fremden Terrain."[29] Auf diesen naturphilosophischen „Abwegen" stehen wir plötzlich vor einer unerwarteten Alternative: Verbleibt also nur ein einziges Haeckel'sches Welträtsel, das obendrein irrelevant ist, oder liegt vielmehr das „Wesen" von allem Wirkenden rätselhaft im „nicht-Greifbaren" verborgen? Viel zu selten wird dem mechanistischen Naturalismus aus berufenem Mund widersprochen: „Alles, was wir durch direkte Beobachtung oder durch Abstraktion unserer Wahrnehmungen als Wirklichkeit betrachten und in der Naturwissenschaft als (stoffliche) Realität beschreiben, darf in dieser Form nicht mit der dahinter vermuteten, ‚eigentlichen' Wirklichkeit identifiziert werden."[30] Ausgerechnet das Nachdenken über Haeckels letztes Welträtsel, über die Substanzbausteine (Elektronen, Protonen, Neutronen, Atome, Moleküle, Neuromodulatoren, Synapsen) führte auf unerwartete, atemberaubende, fundamentale Erkenntnisse in der Naturphilosophie, deren lebens-philosophische Tragweite durch die frohe Botschaft – „Die Daseinsfragen sind wieder offen" – nur wage angedeutet wird.[31]

---

[28] Bitte ersetzen Sie im zitierten Text das Wort „Tisch" durch „Gehirn".

[29] A.S. Eddington, The nature of the physical world, Cambridge, (1928), S. XIV.

[30] H.P. Dürr, R. Panikkar, Liebe Urquell des Kosmos, Herder, Freiburg Basel Wien, 2008, S. 29.

[31] P. Kleinert, Rationale Religiosität, WiSa, Stuttgart, 2015.

0.4 Quantenphysikalismus

Einer der führenden theoretischen Physiker des 19. Jahrhunderts, Hermann von Helmholz, pries das heute noch weit verbreitete mechanisch-materialistische Grundprinzip der Naturphilosophie: „Das letzte Ziel aller Naturwissenschaft ist, sich in Mechanik aufzulösen.“ Die Übertragung dieser mechanistischen Weltsicht auf die Lebensphilosophie ist folgerichtig: Da die Welt ein Maschinensaal ist, darf niemand über den Sinn des Ganzen auch nur nachdenken.[32] Fühlt sich der Mensch nicht fremd und gottverlassen im ganzen mechanischen „Gestänge mit Hebelspiel“? Der Physiker, James Jeans, kennzeichnete das vermeintlich „wissenschaftlich begründete“ Lebensgefühl der Mechanisten so: „Unser erster Eindruck [vom Universum] hat einige Verwandtschaft mit Schrecken. Wir finden das Weltall erschreckend wegen seiner riesigen, sinnlosen Entfernungen, erschreckend wegen seiner unbegreiflich langen Zeitstrecken ... erschreckend wegen unserer völligen Verlassenheit und wegen der materiellen Geringfügigkeit unserer Heimat im Raume ... Aber vor allem flößt uns das Weltall Schrecken ein, weil es so gleichgültig gegen das Leben zu sein scheint, das unserem eigenen ähnelt ... Vielleicht sollten wir sogar sagen, es scheint Leben wie unserem eigenen in aktiver Weise feindlich zu sein ... In ein solches Weltall sind wir nun hineingestolpert.“[33]

Wahrlich verlassen ist der Mensch im Kosmos. Gäbe es nämlich überall im Universum gleichverteilte Augenzeugen, die übergroße Mehrheit von ihnen schrieb in ihr Beobachtungsprotokoll: Die Welt ist ein riesiger, finsterer Hohlraum; nur weit hinten sind vereinzelt schwache Lichtpunkte zu sehen. Mit dem Material in meiner Umgebung kann kein Staubkorn, geschweige denn ein Mikroorganismus aufgebaut werden. Nur selten ist es an wenigen Orten hell genug, dass der dortige Beob-

[32] Auch dem bekannten Stichwortgeber aller transhumanen Verbesserer des Menschen, Friedrich Nietzsche, drängte sich diese Schlussfolgerung auf. Er schrieb: „Eine ‚wissenschaftliche‘ Welt-Interpretation, wie ihr sie versteht, könnte folglich immer noch eine der *dümmsten*, das heißt sinnärmsten aller möglichen Welt-Interpretationen sein: dies den Herren Mechanikern ins Ohr und Gewissen gesagt, die heute gern unter die Philosophen laufen und durchaus vermeinen, Mechanik sei die Lehre von den ersten und letzten Gesetzen, auf denen wie auf einem Grundstocke alles Dasein aufgebaut sein müsse. Aber eine essentiell mechanische Welt wäre eine essentiell *sinnlose* Welt.“ (F. Nietzsche, Wir Furchtlosen, Verlag E.W. Fritzsche, Leipzig, 1887, S. 74.)

[33] J. Jeans, Der Weltraum und seine Rätsel, Paul List Verlag, München 1955, S. 13.

achter die Zeit von seiner Armbanduhr ablesen kann. Aber auch er findet in der Regel keine lebensdienlichen Bedingungen vor. Wir nennen nur zwei Anforderungen, die der Schöpfer aller Kreaturen unbedingt beachten musste. 1) Damit Lebewesen entstehen und sich entwickeln können, darf es nicht zu kalt sein (wie in den weiten, leeren Räumen des Universums, in denen sich die weitaus meisten Beobachter des Universums aufhielten, wenn sie nur überall gleichmäßig verteilt wären) aber auch nicht zu heiß (wie in der Nachbarschaft von Sternen). Über einen langen Zeitraum von mehreren Millionen (Milliarden?) Jahren hinweg müssen Temperaturen herrschen, bei denen Stoffe im flüssigen Aggregatzustand vorhanden sind. An erster Stelle ist das Wasser zu nennen. 2) Unverzichtbar gehören zum Baumaterial der Biosphäre Moleküle, die nicht nur hunderte oder tausende, vielmehr sogar zehntausende Atome enthalten. Nur mit Wasserstoff, Sauerstoff und Stickstoff lassen sich derartige Riesenmoleküle nicht aufbauen, solange das „Wundermittel“ Kohlenstoff fehlt. Die Kohlenstoffchemie ist das theoretische Fundament aller Lebenswissenschaften. Ohne Kohlenstoff kein Leben. Liegen aber alle substantiellen Komponenten im Experimentierkasten, dann bleibt es der Geschicklichkeit des Designers (Darwin nannte ihn „Zufall“) überlassen, aus einem gekneteten Molekülklumpen einen Homunkulus hervorzubringen. Erstaunlicherweise wurde dieses Wunderwerk, ein denkendes und selbstbewusstes Wesen loslaufen zu lassen, immerhin einmal vollbracht. Da alle Ausgangsstoffe – der rollende Stein, das fließende Wasser und alle anderen Elemente – den Gesetzen der Mechanik streng folgen, kann auch der als lebendig bezeichnete Molekülhaufen nicht anders aufgefasst werden als ein mechanisches „Gerät“. Diese konsensfähige Schlussfolgerung ist die Grundlage des nunmehr in den Fokus geratenen transhumanistischen Menschenbildes. Als Maschine in einem toten Bauklötzchen-Universum muss sich der Mensch verachten, muss er sich seine Würde nehmen, muss er alles niederreißen – Ökonomie, Kultur und Wissenschaft.[34]

---

[34] Ein Zeitkritiker formulierte es so: „Die Vollendung der Zivilisation ist das kulturelle Tierreich: das Reich der niedrigeren Bedürfnisse und ihrer unmittelbaren Befriedigung. Hier stirbt keiner mehr für ein Ideal, sondern man bringt sich durch Raubüberfälle oder in Bandenkriegen um, in denen es um Rauschgiftreviere und Schutzgelderpressung geht. **Der Naturzustand steht am Ende, nicht am Anfang der bürgerlichen Gesellschaft**.“ R.P. Sieferle, Finis Germania, Verlag Antaios, 2017, S. 92. Noch tiefer bohrte Emile Cioran: „Wir können nicht umhin zu denken, daß die im Zustand des Entwurfes gebliebene Schöpfung nicht abgeschlossen werden konnte und es auch nicht verdiente und daß sie insgesamt ein *Fehler* ist. Der berühmte Fehltritt, den der Mensch begangen hat, erscheint somit als die verkleinerte Fassung einer weit schwereren Untat.“ E.M. Cioran,

Einmal angenommen, wir dürften die Wirklichkeit des Menschseins nicht an den Rand des Weltgeschehens drängen, sondern müssten sie, trotz aller gegenteiligen Bezeugungen, ins Zentrum rücken, was ergäbe sich daraus? Wenn die elementaren, toten Bausteine, aus denen sich dem Vernehmen nach die absurde Welt aufbaut, ihre absolute und grausige Einfalt verlören und ihre Zugehörigkeit zu einer rätselhaften „Geisterwelt“ offenbarten, kämen dann nicht alle Daseinsfragen mit einer beispiellosen Wucht erneut auf den Prüfstand? Die Philosophische Theologie hätte nicht länger den Verlust ihres Gegenstandes zu beklagen,[35] vielmehr müssten wir ihr zu einem endgültigen, furiosen Durchbruch verhelfen. Sätze, die Nicolaus Lenau einst schrieb, dürften plötzlich wieder zu Herzen gehen:

Hält der Mensch die Blicke himmelwärts
und die Arme liebend ausgebreitet,
um die Welt zu drücken an sein Herz,
hat er sich zur Kreuzigung bereitet.

Solche Lieb ist selten auf der Erde;
daß ihr Bild die Welt nicht ganz verläßt,
hielt am Kreuz die Menschheit eilig fest,
Jesus, deine liebende Gebärde!

Tatsächlich erwies sich Anfang des 20. Jahrhunderts das mechanisch-materialistische Naturbild, nach dem Raum, Zeit und alle elementaren Partikel absolut zu setzen sind, als eine zwar brauchbare, philosophisch grundsätzlich jedoch grobe und sogar entstellende Annäherung an die wahren Verhältnisse in der Natur, insbesondere im Mikrokosmos. Die moderne Physik hat dem klassischen Atomismus seine Nische zugewiesen und ist paradigmatisch weit über ihn hinausgegangen. Die klaren anschaulichen Bilder, die den Mechanikern vorschwebten, sind verschwunden. An ihre Stelle treten abstrakte, durch diverse Schlüsselexperimente und mathematische Konsistenzforderungen fundierte Naturgesetze, auf deren wunderliche Rätselhaftigkeit zuerst ihre Gründungsväter selbst mit großem Erstaunen hinwiesen. An Beispielen wird das radikal neue naturphilosophische Denken skizziert, das in Lehrbüchern der Theoretischen Physik ausführlich dargestellt ist.

Die verfehlte Schöpfung, Suhrkamp, Frankfurt am Main, 1979, S. 8.

35 W. Weischedel, Der Gott der Philosophen, Grundlegung einer Philosophischen Theologie im Zeitalter des Nihilismus, Wissenschaftliche Buchgesellschaft, Darmstadt, 1983.

Elektromagnetische Wellen

Zu den Eigenschaften der materiellen „Urpartikel" gehört ihr Ladungszustand. Zwischen elektrischen Ladungen gleichen bzw. ungleichen Vorzeichens wirken Abstoßungs- bzw. Anziehungs- Kräfte. Wird ein geladenes Teilchen aus einer insgesamt elektrisch neutralen Ansammlung von Partikeln plötzlich herausgeschlagen, dann „wackeln" nicht sofort alle anderen Ladungsträger im Kosmos, vielmehr verbreitet sich die Kunde – „hier wurde eine Ladung freigesetzt" – mit einer endlichen Ausbreitungsgeschwindigkeit c. Die raum-zeitliche Fortpflanzung der Wirkung erfolgt vermittels der elektrischen $\vec{E}(\vec{r},t)$ und magnetischen $\vec{H}(\vec{r},t)$ Felder, welche von den Ortskoordinaten $\vec{r}$ sowie der Zeit t abhängen und welche durch Kraftlinienbilder veranschaulicht werden können. Trifft das vermittelnde Vektorfeld $\vec{E}(\vec{r},t)$ auf eine Ladung e, so wird die Coulomb'sche Kraft $\vec{F} = e\vec{E}$ wirksam. Speziell stoßen sich zwei gleichartige Ladungen e im Abstand r gemäß des Coulomb'schen Gesetzes mit der Kraft $F = e^2/(4\pi\varepsilon_0 r^2)$ voneinander ab. ε_0 bezeichnet hier die Dielektrizitätskonstante des Vakuums.

Abbildung 0.4.1:
Ein Permanentmagnet hält einen metallenen Kugelschreiber jahrelang im Schwebezustand.

Schlüsselexperimente, die im 19. Jahrhundert durchgeführt wurden, legten es nahe, Regeln und Gesetze der Elektrizitätslehre auf die Theorie des Magnetismus zu übertragen. Wird nämlich ein magnetisches Dipolmoment plötzlich freigesetzt, so teilt auch dieses sich seiner Umgebung nicht instantan, sondern erst nach und nach mit. Man erfand das magnetische Feld $\vec{H}(\vec{r},t)$, um die Übertragung von magnetischen Wirkungen theoretisch beschreiben zu können. Auf eine mit der Geschwindigkeit $\vec{v}$ bewegten Ladung e wird im Magnetfeld $\vec{H}$ die Lorentz-Kraft $\vec{F} = e\vec{v} \times \vec{H}$ ausgeübt ($\times$ bezeichnet das Vektorprodukt). Die

Abbildung 0.4.1 zeigt, wie ein metallener Kugelschreiber durch einen Permanentmagneten über Jahrzehnte hinweg hochgehalten wird. Kein unsichtbares mechanisches Gerüst hält das Blech im Schwebezustand, sondern das Magnetfeld $\vec{H}$ in der Umgebung seiner Quelle.

Die elektromagnetischen Erscheinungen konnten Maxwell und Faraday durch eine *einheitliche* Feldtheorie erstaunlich umfassend und „wahrheitsgemäß" beschreiben. Nach Newtons grandioser Formulierung der allgemeinen Mechanik gelang ihnen das zweite große Vereinigungswerk in der Geschichte der Theoretischen Physik, die Theorie des Elektromagnetismus. Anlass dazu gab die Beobachtung, dass ein zeitlich veränderliches elektrisches (magnetisches) Feld seinerseits ein magnetisches (elektrisches) Feld hervorruft. Es konnte sogar mathematisch präzis angegeben werden, wie sich dieser Zusammenhang quantitativ darstellt. Für elektrische und magnetische Felder ($\vec{E}(\vec{r},t)$ bzw. $\vec{H}(\vec{r},t)$) fernab von Ladungsträgern haben die „entdeckten" fundamentalen Gleichungen (Maxwellgleichungen) die Form:

$$\begin{aligned} \mathrm{rot}\vec{E}(\vec{r},t) &= -\frac{1}{c}\frac{\partial}{\partial t}\vec{H}(\vec{r},t), \quad \mathrm{div}\vec{E}(\vec{r},t) = 0, \\ \mathrm{rot}\vec{H}(\vec{r},t) &= \frac{1}{c}\frac{\partial}{\partial t}\vec{E}(\vec{r},t), \quad \mathrm{div}\vec{H}(\vec{r},t) = 0, \end{aligned} \tag{0.2}$$

wobei c die Lichtgeschwindigkeit im Vakuum angibt. Dieses System von partiellen Differentialgleichungen für die Vektorfelder $\vec{E}(\vec{r},t)$ und $\vec{H}(\vec{r},t)$ kann gelöst werden, wenn Rand- und Anfangswerte gegeben sind. Durch eine einfache Umformung entstehen geschlossene Wellengleichungen für die Felder $\vec{E}(\vec{r},t)$ bzw. $\vec{H}(\vec{r},t)$ allein:

$$\mathrm{rot}\,\mathrm{rot}\vec{E}(\vec{r},t) = -\Delta\vec{E}(\vec{r},t) = -\frac{1}{c}\frac{\partial}{\partial t}\mathrm{rot}\vec{H}(\vec{r},t) = -\frac{1}{c^2}\frac{\partial^2}{\partial t^2}\vec{E}(\vec{r},t).$$

Da die resultierende Wellengleichung

$$\frac{1}{c^2}\frac{\partial^2}{\partial t^2}\vec{E}(\vec{r},t) = \Delta\vec{E}(\vec{r},t) \tag{0.3}$$

(Δ bezeichnet den Laplace-Operator) unter Beachtung der Quellenfreiheit (im Vakuum) $\mathrm{div}\vec{E}(\vec{r},t) = 0$ gelöst werden muss, sind elektromagnetische Wellen im Vakuum stets transversal (d.h. die Felder $\vec{E}$ und $\vec{H}$ stehen in jedem Punkt senkrecht zur Ausbreitungsrichtung). Ebene Wellen $\vec{E}(\vec{r},t) = \vec{E}_0\cos(\vec{k}\cdot\vec{r} - \omega t)$ sind einfache Lösungen der Gleichung (0.3), wenn der Ausbreitungsvektor $\vec{k}$ und die Kreisfrequenz ω

die Dispersionsgleichung $\omega^2 = c^2k^2$ und die Transversalitätsbedingung $\vec{k} \cdot \vec{E}(\vec{k}, t) = 0$ erfüllen. Wir halten fest: *Elektromagnetische Felder breiten sich im Vakuum wellenförmig aus.* Die Transversalitätsbedingung für die Wellen bringt den Gedankenfluss allerdings ins Stocken, denn Laplace hat streng bewiesen, dass die Wellenausbreitung in einem kontinuierlichen Medium stets longitudinal erfolgt. Die Auflösung dieses Widerspruchs hat weitreichende philosophische Konsequenzen.

Der Vergleich mit der Wellenausbreitung in flüssigen und gasförmigen Stoffen[36] lässt vermuten, dass auch die Ausbreitungsgeschwindigkeit der elektromagnetischen Strahlung (z.B. Lichtwellen) aus den Eigenschaften seines Trägermediums (seinerzeit „Äther" genannt) berechnet werden kann. Wenn Lichtstrahlen den ganzen Kosmos durchmessen, muss es dann nicht in ihm zumindest ein „feinstoffliches" Medium geben, dem sich dieses Hin und Her der Feldamplituden und Frequenzen einprägt und dessen Dichtevariationen das Licht mal schneller, mal langsamer werden lassen? Man hat nach diesem Äther Ausschau gehalten, hat hohe Experimentierkunst aufgeboten – gefunden wurde er nicht. Heute steht in den Lehrbüchern: Zur Fortpflanzung der elektromagnetischen Wellen im Vakuum bedarf es keines materiellen oder „feinstofflichen" Trägers. Da alle modernen Kommunikationskanäle diese Schwingungen für den Informationsaustausch nutzen und jeden erreichen, darf sich auch jeder darüber wundern, dass es grundsätzlich keinen materiellen Daten„träger" gibt, der die Nachrichten übermittelt. Was elektromagnetische Wellen aufführen, das ist ein Tanz ohne Tänzer – es ist ein rein „ideeller" Vorgang, es ist lediglich eine „Choreographie". Da draußen im All (und hier drinnen im Gehirn) passiert etwas „Reales" – man nennt es „elektromagnetische Erscheinungen" – doch „greifbar" ist es partout nicht. Das grandiose Scheitern der Ätherhypothese allein entzieht bereits jeder Spielart des mechanischen Materialismus unwiderruflich das Mitspracherecht bei fundamentalen Fragen zur Naturphilosophie.[37]

[36] Für die Dichteschwankungen $\sigma(\vec{r}, t)$ in flüssigen und gasförmigen Medien gilt ebenfalls eine Wellengleichung: $\Delta\sigma(\vec{r}, t) = (1/v^2)\partial^2\sigma(\vec{r}, t)/\partial t^2$, wobei die Ausbreitungsgeschwindigkeit v von den Eigenschaften des Mediums abhängt. Beispielsweise gilt näherungsweise für Wasser: $v = 1/\sqrt{\rho_0\kappa} \approx 1423\,\mathrm{m/s}$, wobei ρ_0 die mittlere Dichte und κ die Kompressibilität des Wassers ist.

[37] James Jeans formulierte es so: Wellenbewegungen des Äthers „existieren in unseren Köpfen, oder wir würden nicht von ihnen reden; und irgendetwas muß außerhalb unserer Köpfe existieren, um diese oder irgendeine andere Auffassung hineinzubringen. Diesem Etwas können wir zeitweise den Namen ‚Wirklichkeit' beilegen, und die Aufgabe der Wissenschaft ist, diese Wirklichkeit zu studieren. Aber wir werden finden, daß diese Wirklichkeit etwas sehr Verschiedenes von

Quantenmechanik

Gemäß der anschaulichen klassischen Teilchenphysik sind alle materiellen Objekte Ansammlungen von qualitativ unterschiedlichen Basisbausteinen. Verschiedene Lage- und Mischungsverhältnisse der durch leere Zwischenräume getrennten Atome sollen das Erscheinungsbild und den Lauf der Dinge bestimmen. Dabei wurde die Vorstellung von der Elementarität, Einfachheit und Absolutheit der „Urbausteine“ im Jahr 1825 von William Prout sogar noch auf die Spitze getrieben: Da sich die Atomgewichte aller Elemente als ein Vielfaches des Wasserstoffs erwiesen, sollten bereits „Wasserstoff-Steinchen“ genügen, um mit ihnen eine ganze Welt aufbauen zu können. Die Bauanleitung erwies sich als denkbar einfach: Man nehme eine Handvoll Wasserstoffatome (alle haben dieselbe Masse m) und überlasse sie ihrem Reigen, den sie unter Einwirkung des gegenseitigen Kräftespiels aufführen, um eine ganze Welt daraus entstehen zu lassen. Das fundamentale Bewegungsgesetz ist die Newton'sche Gleichung: Kraft = Masse × Beschleunigung (bzw. für konservative Kräfte $\vec{F} = -\mathrm{grad}V$ hat das Gesetz die Form $\mathrm{d}\vec{p}/\mathrm{d}t = -\mathrm{grad}V$, wobei $\vec{p} = m\vec{v}$ der Impuls ist).

Dieses Paradigma der klassischen Physik, das auf Gleichförmigkeit und absolute Einfachheit abzielt, musste grundsätzlich erweitert und vertieft werden, um gewisse Erscheinungen, insbesondere im Mikrokosmos, auch weiterhin korrekt beschreiben zu können. Was fehlte war das naturphilosophische Gespür für die Haltlosigkeit des mechanisch-materialistischen Teilchenbegriffs. Allein das Nachdenken über die postulierte Bestimmungslosigkeit des Elementaren wirft berechtigte Fragen auf, die Metaphysikern zu keiner Zeit fremd waren. Hegels Einwand trifft ins Schwarze: „Indem das Eins als Eins fixiert ist [das elementare Teilchen nur für sich], so ist das Zusammenkommen desselben mit Andern allerdings als etwas ganz Äußerliches anzusehen. – Das *Leere*, welches als das andere Prinzip zu den Atomen angenommen wird, ist die Repulsion selbst [das Nicht-Teilchen], vorgestellt als das *seiende* Nichts

dem ist, was der Physiker vor fünfzig Jahren unter Äther, Schwingungen und Wellen verstand, und zwar so sehr, daß, wenn man sie nach seinen Begriffen beurteilt und in seiner Sprache erklärt, die Äther und ihre Wellen überhaupt keine Wirklichkeit sind. Und doch sind sie die wirklichsten Dinge, die wir überhaupt kennen oder von denen wir Erfahrung besitzen, und sind damit so wirklich, wie nur irgendetwas für uns sein kann.“ James Jeans, Der Weltraum und seine Rätsel, Paul List Verlag München, 1955, S. 82.

zwischen den Atomen. – Die neuere Atomistik – und die Physik behält noch immer dies Prinzip bei – hat insofern die Atome aufgegeben, als sie sich an kleine Teilchen, Molecules, hält; sie hat sich damit dem sinnlichen Vorstellen nähergebracht, aber die denkende Bestimmung verlassen.“[38] Mehr ins Detail gehend vertiefte Leibniz in seiner Monadenlehre den Begriff „Elementarität“, den er keinesfalls mechanisch-materialistisch auffasste.[39] Bis zur Ausarbeitung der modernen Quantenphysik suchten Metaphysiker aller Epochen vergeblich klare Gesetze, die das „metaphysische Dahinter“ – das „Geisterreich“ – streng ordnen. Tiefsinnige Vorstellungen wurden ausgetauscht und durchgearbeitet, doch stichhaltige „Wahrheitskriterien“, wie die experimentelle Bestätigung der Quantengesetze, gab es nicht. Dennoch skizzierte bereits Parmenides in seinem berühmten Lehrgedicht über die Natur die Grundprinzipien der modernen Quantenphysik in groben Zügen. Von der höheren Mathematik und Schlüsselexperimenten geleitet fanden Forscher, den Wegmarken des Parmenides folgend, tatsächlich weit „hinten“, über viele „Berge“ und „Täler“ hinweg, die „Göttin der Wahrheit“, die ihnen Ungeheuerliches verkündete. Den Teilchenbegriff problematisierten die Quantenphysiker nach Anweisung der Göttin und machten aus dem festen Kügelchen einen geheimnisvollen „Nebel“. Nur unter besonders ausgesuchten, quasi-klassischen Bedingungen (wenn sich nur die „Oberfläche“ der Wirklichkeit zeigt) bewegt sich eine Punktmasse mit extrem hoher Wahrscheinlichkeit längs der Bahnkurve, die aus der Newton'schen Bewegungsgleichung und der Anfangsbedingung näherungsweise berechnet werden kann. Im Quantenregime hingegen (im „Zustand des metaphysischen Dahinter“) darf dasselbe Teilchen *jeden* beliebigen Weg zwischen dem Start- und Zielpunkt wählen. Doch diese Willkür, die allen Elementarteilchen zugestanden wird, ist reglementiert durch einen gesetzlich vorgeschriebenen Katalog von Möglichkeiten (die „Gesetze der Metaphysik“). Jedes Einzelereignis ist zufällig,

[38] G.W.F. Hegel, Enzyklopädie der philosophischen Wissenschaften im Grundrisse, Akademie Verlag, Berlin, 1966, S. 116.

[39] Leibniz schrieb: „Denkt man sich eine Maschine, die auf die Produktion von Gedanken, Empfindungen und Perzeptionen eingerichtet wäre, so könnte man sie sich, unter Wahrung der Maße, so weit vergrößert denken, daß man wie in einer Mühle in sie hineingehen könnte. Dies vorausgesetzt, wird man bei ihrer Besichtigung im Innern nichts als getrennte Teile finden, die einander stoßen, aber niemals etwas, woraus man eine Perzeption erklären könnte. Also muß man die Perzeption in den einfachen Substanzen suchen, nicht im Zusammengesetzten oder in der Maschine. Umgekehrt ist in der einfachen Substanz nichts anderes zu finden als dies, nämlich Perzeption und ihre Veränderungen.“ Leibniz, Die Hauptwerke, G. Krüger, Alfred Kröner Verlag Stuttgart, 1949, S. 135.

nur die Gesamtheit vieler Ereignisse betreffend gelten Gesetze. Der Forscher darf nicht mehr fragen: „Auf welchem Weg wird sich das elementare Teilchen von A nach B bewegen?“, sondern nur noch: „Wie oft wird sich das Bausteinchen bei unendlich vielen Versuchen für einen der unendlich vielen Wege von A nach B entscheiden?“. Präzisen Vorhersagen von fixierten, wahrnehmbaren Bewegungsabläufen, die gemäß der Newton'schen Gesetze berechenbar sind, stehen in der Quantenmechanik lediglich Ordnungsschemata für alle *möglichen* Bewegungsabläufe gegenüber. Allein die quanten-mechanischen Mittelwerte können den klassischen Messgrößen zugeordnet werden, wobei unter quasi-klassischen Umständen die zugelassenen Abweichungen vom Mittelwert vernachlässigbar sind. Das Newton'sche Bewegungsgesetz wird in der Quantenmechanik verallgemeinernd auf die Form $\mathrm{d}\langle\vec{p}\rangle/\mathrm{d}t = -\langle \mathrm{grad} V\rangle$ gebracht, wo nun $\langle\vec{p}\rangle$ bzw. $-\langle \mathrm{grad} V\rangle$ den mittleren Impuls bzw. die mittlere Kraft bezeichnen. Um diese Mittelwerte berechnen zu können, muss der Theoretiker die Gesamtheit aller Möglichkeiten kennen und ordnen. Dazu erfand er die komplexwertige Wellenfunktion $\psi(\vec{r},t)$, die sich aus der Schrödingergleichung berechnet:

$$i\hbar\frac{\partial}{\partial t}\psi(\vec{r},t) = \widehat{H}\psi(\vec{r},t) \equiv \left[-\frac{\hbar^2}{2m}\Delta + V(\vec{r},t)\right]\psi(\vec{r},t). \tag{0.4}$$

$\widehat{H}$ bezeichnet den Hamiltonoperator. Ungeachtet ihrer Bedeutung ist die Lösungsfunktion $\psi(\vec{r},t)$ insofern keine originäre physikalische Größe (Observable), weil sie nicht messbar, vielmehr lediglich ein reines komplexwertiges Zahlenschema ist. Nichtsdestotrotz kann die Schrödingergleichung (0.4) formal auf die Form einer Kontinuitätsgleichung gebracht werden

$$\frac{\partial}{\partial t}\rho(\vec{r},t) + \mathrm{div}[\vec{s}(\vec{r},t)] = 0,$$

wobei die Raumdichte $\rho(\vec{r},t) = \psi^*(\vec{r},t)\psi(\vec{r},t)$ und die Stromdichte $\vec{s}(\vec{r},t) = \hbar[\psi^*(\vec{r},t)\ \mathrm{grad}\psi(\vec{r},t) - \psi(\vec{r},t)\mathrm{grad}\psi^*(\vec{r},t)]/(2im)$ beide zum selben „Objekt“ der Quantenwelt gehören. Nicht anders als für jede klassische Kontinuitätsgleichung gilt auch hier, dass die zeitliche Änderung der zur Wellenfunktion ψ gehörenden „Menge“ in einem infinitesimalen Volumen bestimmt wird durch die Differenz zwischen Zu- und Abfluss durch die Oberfläche des Volumenelementes. $\rho(\vec{r},t)$ nennt man die statistische Dichte und fordert $\int \mathrm{d}^3\vec{r}\rho(\vec{r},t) = 1$. Der Integrand $\rho(\vec{r},t)\mathrm{d}^3\vec{r}$ gibt die Wahrscheinlichkeit dafür an, eine Korpuskel mit der Masse m im infinitesimalen Volumen $\mathrm{d}^3\vec{r}$ zur Zeit t anzutreffen. Die Impulsdichte des Teilchens ist $m\vec{s}(\vec{r},t)$, weswegen die quanten-mechanische Variante der Newton'schen Gleichung die folgende konkrete Form annimmt:

$$\begin{aligned}\frac{\mathrm{d}}{\mathrm{d}t}\int \mathrm{d}^3\vec{r}m\vec{s}(\vec{r},t) &= \frac{\hbar}{i}\frac{\mathrm{d}}{\mathrm{d}t}\int \mathrm{d}^3\vec{r}\psi^*(\vec{r},t)\mathrm{grad}\psi(\vec{r},t)\\ &= -\int \mathrm{d}^3\vec{r}\psi^*(\vec{r},t)\mathrm{grad}V(\vec{r},t)\psi(\vec{r},t).\end{aligned}$$

Gemäß dieses Ehrenfest'schen Theorems bewegt sich der Schwerpunkt des Wellenpakets $\langle\vec{r}\rangle = \int \mathrm{d}^3\vec{r}\psi^*(\vec{r},t)\vec{r}\psi(\vec{r},t)$ nach den Gesetzen der klassischen Mechanik: $m\mathrm{d}^2\langle\vec{r}\rangle/\mathrm{d}t^2 = -\langle\mathrm{grad}V\rangle$. Dabei können Schwankungen um den Mittelwert vernachlässigbar (quasi-klassisches Regime), aber auch bestimmend sein (Quantenregime).

Welchen ontologischen Status hat die Wellenfunktion? Unbestritten kann die statistische Dichte $\rho(\vec{r},t) = \psi^*(\vec{r},t)\psi(\vec{r},t)$ nicht lediglich ein Rechenhilfsmittel sein. Selbstkonsistent berechnet sich nämlich aus der nicht „greifbaren" Quantendichte ρ die „real" wirkende Kraft (das Potential V), wie umgekehrt erst aus dem berechneten Potential $V(\vec{r},t)$ die Wellenfunktion $\psi(\vec{r},t)$ gemäß Gleichung (0.4) ermittelt werden kann. Dabei „fragt" $\psi(\vec{r},t)$ in jedem Moment an allen Stellen des Raumes nach, was sich dort befindet und ereignet. Nichts bleibt ihr „verborgen", von allem wird sie beeinflusst, von allem nimmt sie „Notiz". Prinzipiell „muss" die Wellenfunktion das ganze Weltgeschehen mit einbeziehen, wenn sie zur Berechnung der Kräfte (Potentiale) herangezogen wird. Umgekehrt „posaunt" sie das ihr vom Potential V zugewiesene Resultat ohne Zeitverzug sofort ins gesamte Universum. Dabei ist in einer Hinsicht das von den Wellenfunktionen geführte „Gespräch" tatsächlich nicht von dieser Welt. Das „Gesagte" ist nämlich überall sofort zu „hören" – der Informationsgehalt in $\psi(\vec{r},t)$ ist nicht „real" codiert, er wird nicht erst „mühsam" mit einer endlichen Ausbreitungsgeschwindigkeit übermittelt, dennoch gehört er als etwas Immaterielles zur Wirklichkeit, denn er wirkt.[40]

Der physikalische Gehalt der Wellenfunktion $\psi(\vec{r},t)$ wird an einem einfachen eindimensionalen Modell erläutert. Wie in Abbildung 0.4.2 dargestellt, bewege sich eine Punktmasse von links nach rechts mit der

[40] Es wird der Einwand erhoben, die Wellenfunktion ψ sei bloß ein Rechenhilfsmittel, das sich aus dem „realen" Potential V und der „realen" Masse m gemäß der Schrödingergleichung (0.4) berechnet. Diese Behauptung wird durch die Quantenfeldtheorie (siehe 81) entkräftet, die Bestandteil der Quantenphysik ist. Quantenfeldtheoretisch sind auch die Massen (Higgsmechanismus) und die elektromagnetischen Felder (Quantenelektrodynamik) „reine" Quantenobjekte und somit nach der Auffassung der Kritiker ebenfalls bloße Rechenhilfsmittel. An

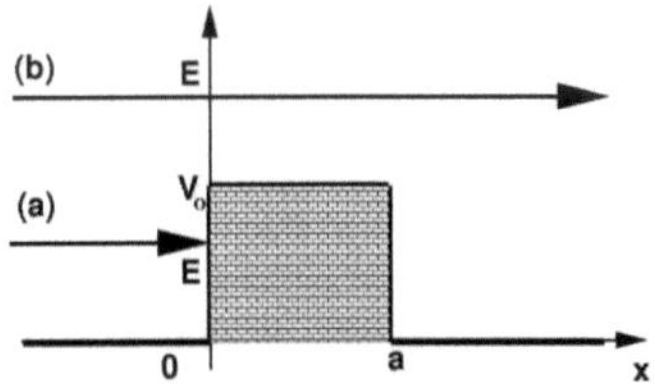

Abbildung 0.4.2:
Die eindimensionale freie Bewegung eines Teilchens längst der x-Richtung wird durch eine Potentialbarriere der Höhe V_0 und der Breite a behindert. Die Energie E des ankommenden Projektils kann kleiner (a) oder größer (b) sein als die Höhe V_0 der Potentialschwelle.

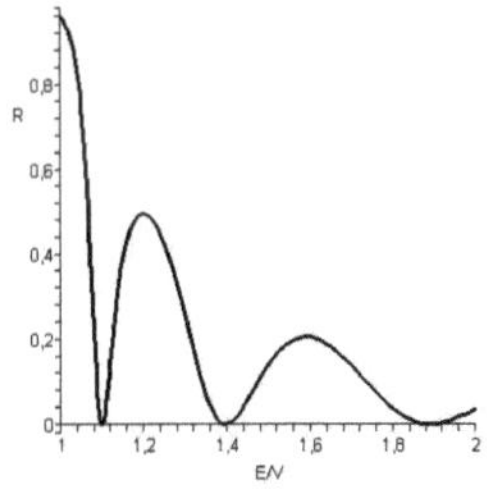

Abbildung 0.4.3:
Der quanten-mechanische Reflexionskoeffizient R als Funktion von E/V_0 für den Barriereparameter $p = \sqrt{2mV_0a^2/\hbar^2} = 10$.

Geschwindigkeit v (und der kinetischen Energie $T = mv^2/2$) auf ein Hindernis zu. Es gilt der Energieerhaltungssatz $E = T + V =$ konstant, wobei V die potentielle Energie angibt. In den Intervallen $x < 0$ und $a < x$ sei der Wert von V gleich Null. Eine Potentialbarriere der Höhe V_0 befinde sich im Intervall $0 \leq x \leq a$. Im Fall (a) ist die Energie des ankommenden Teilchens $E_{(a)} = T =$ konstant kleiner als die potentielle Energie V_0 des „Stolpersteins“. Würde auch im Bereich $0 \leq x \leq a$ der Energieerhaltungssatz gelten, so müsste die kinetische Energie $T = mv^2/2$ des Teilchens negativ werden, was augenscheinlich nicht möglich ist. Im Spezialfall $E < V_0$ kann also ein klassisches Teilchen die Barriere nicht „betreten“, geschweige denn „durchdringen“. Die Durchlässigkeit D ist Null, jede ankommende klassische Punktmasse wird mit Sicherheit zurückgeworfen. Im zweiten Fall (b) ($E_{(b)} = T =$ konstant $> V_0$) überquert das klassische Teilchen ungehindert das Potentialrelief, ein Hindernis ist nicht im Weg und demzufolge wird keine Kraft ausgeübt. Das Reflexionsvermögen ist Null ($R = 0$) und das ungehinderte Überqueren der Barriere gesichert ($D = 1$).

Die quanten-mechanische Lösung desselben Problems hat eine gänzlich

keiner Stelle findet sich in der Quantenphysik ein Begriff der klassischen Physik in seiner ursprünglichen Bedeutung.

andere Beschaffenheit. Zuallererst muss der Quantenphysiker ein komplexwertiges Zahlenschema $\psi(x,t)$ eines abstrakten mathematischen Raumes berechnen. Anders als die anschaulichen Größen der klassischen Physik, beschreibt diese Funktion keine lokale Eigenschaft des Teilchens, vielmehr handelt es sich um ein globales Schema, welches zu jeder Zeit t jedem Ort x eine komplexe Zahl zuordnet. Die Wellenfunktion „möchte alles wissen", die Verteilung aller Hindernisse im Raum, aber auch, was sich alles ereignet. Ob sich hinter der ersten Barriere noch eine zweite, kleinere befindet, wäre für ein klassisches Teilchen ganz unerheblich, nicht aber für Quantenkorpuskeln. Schon im Anflug auf die Barriere „weiß" das Quantenteilchen Bescheid, denn in die „Beratschlagung" darüber, wie es sich zwangsweise schon jetzt benehmen soll, geht die „Kenntnis" ein: dort hinten befindet sich ein Hindernis und viel weiter weg noch ein weiteres. Um also die Schrödinger'sche Wellenfunktion $\psi(x,t)$, die allein befragt werden kann: „Was geschieht mit dem Teilchen?", überhaupt berechnen zu können, muss ein ganzes geschlossenes „Weltmodell" ohne Datenlücken vorliegen. Erst dann ist die Schrödingergleichung lösbar, die eine „vertiefte" Auffassung der klassischen Bewegungsgesetze und des Teilchenbegriffs allererst ermöglicht. Dabei gerät die Vorstellungskraft schnell an ihre Grenzen. Wenn nämlich die Barrierendicke a endlich ist, verschwindet die Wellenfunktion jenseits der Schwelle ($x > 0$) im Fall (a) keinesfalls. Das bedeutet, die Wahrscheinlichkeit, dass sich das Teilchen in der Barriere oder irgendwo hinter ihr aufhalten wird, ist nicht Null. Ein Ergebnis, das jedem dogmatischen Physiker der alten Schule die Fassung raubt. Dass man diesen reinen Quanteneffekt beschwichtigend „tunneln" nennt, kann Materialisten nicht beruhigen, denn das Quantenteilchen „bohrt" sich nicht durch die Barriere hindurch, vielmehr „durchquert" es sie beschwingt, ohne Spuren zu hinterlassen. Dieses „Ich-gehe-durch-die-Barriere-ohne-durch-sie-hindurchzugehen" ist eine paradoxe Behauptung, die dessen ungeachtet experimentell vielfach bestätigt wurde. Das quanten-mechanische Tunneln ist real!

Ebenso real ist die Reflexion an einer Barriere, die ein klassisches Teilchen immer überfliegt, wenn seine Energie die Barrierenhöhe übersteigt (Fall (b) in Abbildung 0.4.2). Hoch oben zieht der Massenpunkt seine Bahn und „schaut" hinunter auf die „Berge" und „Täler", nichts ist in Sicht, woran er sich auf seinem Weg stoßen könnte. Und dennoch: Ein anfliegendes Teilchen, das den „Berg" gerade überfliegen will, kann zurückgeworfen werden. Selbst wenn nur im „Untergrund", über den das Teilchen „frei hinweg schweben möchte", geringfügige Unebenheiten sind, ist in der Regel eine Reflexion möglich. Die Abbildung 0.4.3 zeigt den Reflexionskoeffizienten für den Fall (b), wenn der Parameter $p = \sqrt{2mV_0a^2/\hbar^2}$ den Wert $p = 10$ annimmt. Nur für einzelne Energiewerte E/V_0 ist der Reflexionskoeffizient exakt Null.

Verfügt das Teilchen eventuell über „Stellschrauben“, die es erst vor Ort betätigt, um definitiv eine Entscheidung zu treffen, wie es weitergeht? Derartige Hebel (verborgene Parameter) wurden von Physikern hartnäckig gesucht, aber nicht gefunden. Prinzipiell gelingt es nicht, die Quantengesetze auf eine Form zu bringen, die ihren globalen Charakter verbirgt. Die Quantenphysik ist wesentlich eine ganzheitliche, holistische Theorie. Erst wenn alle Möglichkeiten benannt sind, erheben Quantengesetze den Anspruch, über Ereignisse „wahrheitsgemäß“ urteilen zu können. Nicht der Einzelfall – er ist definitiv zufällig – wird gesetzlich geregelt, sondern nur die Statistik, welche sich idealerweise auf unendlich viele Einzelversuche erstreckt. Dennoch können unter Umständen Quantenerscheinungen einen quasi-klassischen Charakter haben, so dass sie wahrnehmbar sind. Dauert es nämlich lange, vergehen womöglich „mehrere Weltzeitalter“, ehe ein Teilchen sich seines Quantencharakters besinnt und einmal aus der „Reihe tanzt“, dann hüpfen quasi alle Partikel, wie man eben hüpft – der Zufall wird zur Notwendigkeit. Nur diesen extremen Grenzfall vor Augen habend behaupten mechanische Materialisten: „Etwas“ (sie nennen es ein Elementarteilchen) bewege sich entlang einer Bahn. Hindernisse auf seinem Weg (Ursachen) bewirken eine Geschwindigkeitsänderung (Wirkung). Auch Neurobiologen halten sich an dieses mechanisch-materialistische Erkenntnisprinzip, wenn sie argumentieren: Sich ausbreitende Aktionspotentiale (Ursache) lösen im synaptischen Spalt die Ausschüttung von Neurotransmittern aus (Wirkung). Beispiel an Beispiel gereiht verfestigt sich bei ihnen die Überzeugung: Das klassische, mechanisch-materialistische Weltbild ist kausal geschlossen. Keine Ursache ohne Wirkung, keine Wirkung ohne Ursache.

Der Quantentheoretiker kann dieses greifbare „Ding-an-sich“ und dessen Gesetze nicht ins Zentrum all seiner Überlegungen stellen. Dort steht, wie auf Seite 41 erläutert wurde, eine Größe $\psi(\vec{r}, t)$, die im kausal geschlossenen, mechanistischen Weltbild keine Berechtigung hat, da $\psi(\vec{r}, t)$ prinzipiell nicht messbar und nicht beobachtbar ist. Trotzdem gehört die Wellenfunktion fundamental zur Naturtheorie. Das komplexwertige Zahlenschema $\psi(\vec{r}, t)$ dient in der Quantenphysik zur Problematisierung (Vertiefung) des Teilchen-, ja sogar des umfassenden

Wirklichkeitsbegriffs. Im Gegensatz zu jedem kleinen Bauklötzchen, das stets an nur einem einzigen Punkt im Raum lokalisiert ist, kann ein Quantenteilchen im selben Moment grundlos mal hier, mal dort sein, wobei der Theoretiker lediglich festhalten kann, mit welcher Wahrscheinlichkeit alle möglichen Plätze vom „flatterhaften“ Quantenobjekt zur Zeit t eventuell eingenommen werden. Durch die Wellenfunktion $\psi(\vec{r},t)$ erhält die Potentialität, in der alle „verpassten“ und „realisierten“ Möglichkeiten versammelt sind, einen ontologischen Status. Die Wahrscheinlichkeit dW, ein Quantenteilchen im Volumenelement $d^3\vec{r}$ um den Punkt $\vec{r}$ zur Zeit t zu finden, wird gemäß der Gleichung $dW(\vec{r},t) = \mid \psi(\vec{r},t) \mid^2 d^3\vec{r}$ berechnet (siehe Seite 41). Das reelle Betragsquadrat $\mid \psi(\vec{r},t) \mid^2$ selbst bezeichnet demzufolge die Wahrscheinlichkeitsdichte für den Aufenthaltsort. Grundsätzlich kann sich demnach jedes Elementarteilchen „frei entscheiden“, ob es lieber einen ausgetretenen Pfad oder irgendeinen Umweg „bevorzugt“. Obwohl die Einzelentscheidung des Teilchens unbegründet ist und es sich insofern keinem Gesetz beugt, hat es dennoch „Handlungsanweisungen“ im Gepäck, die unter Berücksichtigung aller „Umwelteinflüsse“ ständig aktualisiert werden. Beträgt nämlich etwa die Tunnelwahrscheinlichkeit 1:100 für ein Teilchen im Fall (a) der Abbildung 0.4.2, so wird es langsam „unruhig“, wenn es nach vielen hundert Fehlversuchen die Barriere noch immer nicht durchtunnelt hat. Dieses nebulöse, statistische Quantengesetz, welches nur Mittelwerte festlegt und dem Einzelfall freie Bahn lässt, steht den klassischen Gesetzen, die in der jetzigen Phase der kosmischen Entwicklung bestimmend sind, an strenger Eindeutigkeit nicht nach.

Abbildung 0.4.4:
Ein mögliches „Wahrscheinlichkeitsrelief“ $\mid \psi(x,y) \mid^2$ für den Ortswechsel von A nach B. Der „Gratwanderweg“ ist am wahrscheinlichsten.

Ein Beispiel dieser Art illustriert die Abbildung 0.4.4. Über der $x-y$ Ebene erhebt sich ein „Dichterelief“ $\mid \psi(x,y) \mid^2$, dessen Abschluss ein

„Kammwanderweg“ bildet. Die wahrscheinlichste Verbindung zwischen A und B ist der Gratwanderweg. Alle anderen Wege entlang der „Klippe“ sind zwar möglich, werden aber wegen der „Beschwerlichkeit“ (geringe Wahrscheinlichkeit) viel seltener „genutzt“. Wird aber aus der Gratwanderung ein Balancieren auf des Messers Schneide, dann ist jeder Umweg so gut wie ausgeschlossen, dann ist die Quantenwelt streng determiniert, dann gibt es nur einen einzigen gangbaren Weg zwischen A und B. Unser Lebensraum ist diese seltsam ausgesuchte Quantenwelt, in der alle makroskopischen Dinge unentwegt auf des Messers Schneide „balancieren“, so dass sie streng kausal geschlossen zu sein scheint. Demgegenüber ist das Treiben im Mikrokosmos (gemeint sind Elementarteilchen, Atome, Moleküle) „ungebunden frei“. Dort „unten“ lässt die Quanten-Potentialität (die Wellenfunktion $\psi(\vec{r}, t)$) Spielräume.

Anhäufungen von unterschiedlichen Dingen, die alle auf ihr eigentümliches Beharrungsvermögen pochen, bilden in ihrer Gesamtheit ein Erscheinungsbild, dessen quanten-physikalisches Fundament allerdings ein gänzlich anderes „Aussehen“ hat. Die elementaren Grundbausteine der Materie sind mit einer mechanisch-materialistischen Naturtheorie prinzipiell nicht „richtig“ beschreibbar. Die Daseinsweise dieser „Teilchen“ wird grundsätzlich falsch aufgefasst, wenn ihr keine intelligible, ordnende Funktion zuerkannt wird. Ohne die nicht messbare, scheinbar fiktive Potentialität, die in Gestalt der Schrödinger'schen Wellenfunktion $\psi(\vec{r}, t)$ das gesamte Gebäude der Quantenmechanik fundiert, ist die Theorie aller mikroskopischen und makroskopischen Vorgänge konsistent nicht formulierbar. Der Monismus der klassischen Physik – die (Ding-) Welt ist kausal geschlossen; das Gehirn macht die Seele – muss im ersten Schritt ersetzt werden durch den quanten-physikalischen Dualismus: zum faktischen Ding (Teilchen) gesellt sich die immaterielle Potentialität (in Gestalt der Wellenfunktion). „Kausal“ geschlossen sind allenfalls beide: das „Greifbare“ (das Ding) und das „Überirdische“ (die Idee); Leib und Seele!

Nachdem Anfang des 20. Jahrhunderts die neue quanten-physikalische Naturanschauung sich allmählich durchsetze, gab es kein Halten mehr: der alte Teilchenbegriff wurde enthusiastisch attackiert. Besonders hart traf es die klassische Theorie des Elektromagnetismus. Wird nämlich das elektromagnetische Feld vom Blickwinkel der Quantenmechanik aus beschrieben, so ist ein greifbares Ding nun überhaupt nicht mehr in Sichtweite. Forscher suchten etwas „Feinstoffliches“, dem sich freie elektromagnetische Felder einprägen können – gefunden wurde es nicht. Ohne etwas „Greifbares“ namhaft machen zu können, kommen Naturphilosophen nicht umhin einzugestehen: elektromagnetische Felder sind vorhanden, weil sie wirken.

Wir skizzieren, wie das elektromagnetische „Nichts“ gemäß der Quantenmechanik aufgefasst wird. Die Maxwellgleichungen (0.2) für Felder im ladungsfreien Raum können vermittels der Fouriertransformation

$$\vec{E}(\vec{r},t) = \int \mathrm{d}^3\vec{k} e^{i\vec{k}\cdot\vec{r}} \vec{E}(\vec{k},t)$$

auf die Form

$$\dot{\vec{H}}(\vec{k},t) = -ic\vec{k}\times\vec{E}(\vec{k},t),\ \vec{k}\cdot\vec{H}(\vec{k},t) = 0,\ \vec{k}\cdot\vec{E}(\vec{k},t) = 0,\ \dot{\vec{E}}(\vec{k},t) = ic\vec{k}\times\vec{H}(\vec{k},t)$$

gebracht werden, wobei $\vec{E}(-\vec{k},t) = \vec{E}^*(\vec{k},t)$ und $\vec{H}(-\vec{k},t) = \vec{H}^*(\vec{k},t)$ zu fordern ist, da die messbaren Felder $\vec{E}(\vec{k},t)$ und $\vec{H}(\vec{k},t)$ reell sein müssen. Zur Lösung dieser Gleichungen machen wir den Ansatz

$$\begin{aligned} \vec{E}(\vec{k},t) &= N(k)\left[\vec{f}(\vec{k},t) + \vec{f}^*(-\vec{k},t)\right], \\ \dot{\vec{E}}(\vec{k},t) &= -ickN(k)\left[\vec{f}(\vec{k},t) - \vec{f}^*(-\vec{k},t)\right], \end{aligned}$$

mit der Konstanten $N(k) = \sqrt{c\hbar k/2(2\pi)^3}$, der auf eine Art Schrödingergleichung für das komplexe Vektorfeld $\vec{f}(\vec{k},t)$ führt:

$$i\hbar\frac{\partial}{\partial t}\vec{f}(\vec{k},t) = \widehat{H}\vec{f}(\vec{k},t). \qquad (0.5)$$

Der „Hamiltonoperator“ $\widehat{H}$ des freien elektromagnetischen Feldes hat die Form

$$\widehat{H}_{\alpha\beta} = c\hbar k\left[\delta_{\alpha\beta} - \frac{k_\alpha k_\beta}{k^2}\right].$$

Wie diese einfachen Rechenschritte zeigen, sind die „Schrödingergleichung“ (0.5) und die Transversalitätsbedingung mit dem System der ladungsfreien Maxwellgleichungen völlig äquivalent. Die Schrödinger’sche „Wellenfunktion“ $\vec{f}(\vec{k},t)$, welche zur Quantifizierung der „Potentialität“ des schwingenden „Nichts“ herangezogen wird, ist mit dem schwingenden „Nichts“ selbst (den elektromagnetischen Feldern $\vec{E}(\vec{r},t)$ und $\vec{H}(\vec{r},t)$) vollständig in Übereinstimmung. Für „Lichtteilchen“ gibt es keinen Unterschied zwischen „Faktizität“ und „Potentialität“. Die faktische Wirklichkeit (Photon) ist zugleich wirkende Möglichkeit ($\vec{f}(\vec{k},t)$).[41]

[41] Wie in der Schrödinger-Theorie gefordert, wird beispielsweise die mittlere Energie $\langle E\rangle$ des Feldes aus der Gleichung $\langle E\rangle = \int \mathrm{d}^3\vec{k}\vec{f}^*(\vec{k})\widehat{H}\vec{f}(\vec{k})$ berechnet. $\vec{f}(\vec{k})$ ist also ein „Organisator“ des Möglichen für elektromagnetische Felder.

Wie kann der alte, anschauliche Teilchenbegriff noch entschiedener ausgehöhlt und infrage gestellt werden? Dabei ist hinzuzufügen, dass die Größe $| \vec{f}(\vec{r}) |^2$ nicht die Bedeutung der Wahrscheinlichkeitsdichte für den Aufenthalt des „Lichtquants " in einem gegebenen Raumbereich hat (Lichtteilchen im Vakuum sind dem klassischen, raum-zeitlichen Ordnungsschema enthoben). Die Lokalisation der Photonen kann nur durch ihre Wechselwirkung mit Ladungsträgern erfolgen, wobei sich allerdings die immateriellen „Träger" des freien Wechselfeldes in etwas anderes verwandeln (in sogenannte Plasmonen, deren Ruhemasse größer Null ist). In der Quantenmechanik der elektromagnetischen Strahlung hat der klassische Teilchenbegriff (das Faktische als Gegensatz zum Potentiellen) überhaupt keine Berechtigung mehr. Im Anhang auf Seite 121 wird der Aufbau der eigentlichen Quantentheorie des Elektromagnetismus skizziert.

Auch für Teilchen, die eine von Null verschiedene Ruhmasse besitzen, kann eine quanten-mechanische Beschreibungsart gewählt werden, die der für freie elektromagnetische Felder ähnelt. Darauf hat zuerst de-Broglie hingewiesen. Auch Elektronen, behauptete er, erscheinen wie Schwingungen im „Nichts". Auf diese waghalsige Hypothese brachte ihn seine unkonventionelle Auslegung der Bohr'schen Quantisierungsbedingung für Elektronen im Wasserstoffatom (wonach ein gebundenes Elektron im Atom auf der n-ten erlaubten Bahn den Drehimpuls $L_n = n\hbar = mv_n r_n$ hat, wobei r_n der Radius der n-ten kreisförmigen Bahn und v_n die Umlaufgeschwindigkeit bezeichnen). „Ein Elektron im Atom stelle ich mir nicht wie einen Himmelskörper vor, der um ein Zentrum kreist, sondern wie eine Welle mit der Wellenlänge $\lambda_n = h/(mv_n)$, die meinen Namen trägt", können wir de-Broglie sinngemäß zitieren. Das n-fache dieser Wellenlänge ist genau gleich dem Umfang der Elektronenbahn: $2\pi r_n = n\lambda_n$. Die Elektronen im Atom sind gemäß der de-Broglie'schen Theorie stehende Wellen. Für die Berechnung der komplexen Schwingungsamplitude $u(\vec{r})$ (die prinzipiell nicht messbar aber trotzdem wirksam ist) schlug de-Broglie folgende Wellengleichung vor: $\Delta u(\vec{r}) + k^2 u(\vec{r}) = 0$, wo Δ den Laplace-Operator bezeichnet und der Ausbreitungsvektor $\vec{k}$ vermittels der Welle-Teilchen Beziehung $\hbar\vec{k} = \vec{p}$ durch die Energie $E = \hbar^2 k^2/(2m) + V(\vec{r})$ ersetzt wird. Auf diese Weise erhielt de-Broglie die stationäre Schrödingergleichung

$$\left[-\frac{\hbar^2}{2m}\Delta + V(\vec{r})\right] u(\vec{r}) = Eu(\vec{r}),$$

aus der die Wellenfunktion $u(\vec{r})$ berechnet wird, deren Betragsquadrat $\mid u(\vec{r}) \mid^2$ nach dem bekannten quanten-mechanischen Muster als ortsabhängige „Realisierungs“-*wahrscheinlichkeit* aufgefasst wird. Weil de-Broglie Wellen ebenfalls Schwingungen im „Nichts“ sind, verschmelzen Faktizität und Potentialität also auch für „richtige Teilchen“ in der de-Broglie'schen Darstellung der Quantenmechanik. Die Wellenfunktion $u(\vec{r})$ beschreibt nämlich gleichzeitig stationäre Schwingungen von „Etwas“ im „Nichts“ (die „Faktizität“) als auch was möglicherweise geschehen kann (die Potentialität) – „Nichts“ im „Nichts“. Den Quantengesetzen sind somit die materiellen Akteure völlig abhandengekommen – ihnen genügt das Formenspiel auf leerer Bühne und vor leeren Rängen. Also sind die Substanzen fundamental substanzlos, also ist die Durchmischung von Substanzen fundamental ein „Besprechen von Ideen“.

Wir haben den Nerv getroffen und müssen nun noch tiefer bohren. Ein fundamentales Forschungsergebnis des Physik-Nobelpreisträgers, Werner Heisenberg, war die Entdeckung eines allgemeinen Grundprinzips der gesamten Quantenphysik. Es besagt, dass alle physikalischen Messgrößen (Observablen) der neuen Physik tiefgründiger (der alten metaphysischen Inspiration folgend) aufgefasst werden müssen. Aus Beobachtungen allein sind die „wahren“ naturphilosophischen Grundlagen nicht herleitbar. Will das anschauliche Schema der klassischen Physik primär den Handwerker befriedigen (Klötzchen können sich von A nach B mit einer Geschwindigkeit v bewegen, wobei diese physikalische Größe mit einer Stoppuhr und einem Bandmaß gemessen werden kann), so dreht Heisenbergs „Metaphysik“ die Priorität um: Sie wendet sich zuallererst an den Mathematiker und stellt das Experiment und technische Anwendungen erst einmal zurück. In der Heisenberg'schen Matrizenmechanik wird nämlich beispielsweise unter dem Begriff „Geschwindigkeit“ nicht eine reelle Zahl, komplettiert durch eine Maßeinheit, sondern ein hermitescher Operator $\widehat{v}$ in einem abstrakten mathematischen Raum (Hilbertraum) verstanden. Mit diesem abstrakten Operator können Mathematiker gut umgehen und beispielsweise das Eigenwertproblem $\widehat{v} \mid \psi\rangle = v \mid \psi\rangle$ lösen ($\mid \psi\rangle$ bezeichnet den Eigenvektor). Erst die reellwertigen Eigenwerte v darf der Physiker mit möglichen Messwerten der Geschwindigkeit identifizieren. Über die Bedeutung der komplexwertigen Eigenvektoren $\mid \psi\rangle$ gingen die Urteile auseinander. Physiker der alten Schule hielten $\mid \psi\rangle$ für bedeutungslos, da der Eigenvektor lediglich ein mathematisches Hilfsmittel sei. Gemäß einhelliger Äußerungen der Quantenphysiker stiften die Funktionen $\mid \psi\rangle$ hingegen eine Ordnung in der Gesamtheit aller Möglichkeiten und gerade diese Ordnung ist alleiniger Gegenstand der quanten-physikalischen Forschung.

Ein Beispiel des allgemeinen Heisenberg'schen Quantenschemas ist die stationäre Schrödingergleichung $\widehat{H} \mid \psi\rangle = E \mid \psi\rangle$. Der Hamiltonoperator $\widehat{H}$ dient zur „metaphysischen" Definition des Begriffs „Energie", die Eigenwerte E sind die möglichen Energiemesswerte und die Eigenfunktionen $\mid \psi\rangle$ (die Schrödinger'schen Wellenfunktionen) bestimmen die „Wahrscheinlichkeitsdichte" $|| \psi(\vec{r})\rangle |^2$. Die Heisenberg'sche Matrizenmechanik (alle Observablen sind zuallererst Operatoren) öffnet also weit das Tor für den Einzug von Regeln für Möglichkeiten in das gesamte Netzwerk exakter Naturgesetze. Womit sich die Physiker der alten Schule überhaupt nicht beschäftigen konnten - die Berechnung der komplexwertigen Funktion $\mid \psi\rangle$, also die Beantwortung der Frage: „Was könnte sich alles in welchem Umfang ereignen?" – wird nun zum Hauptbetätigungsfeld des Quantenphysikers. Dabei schreibt der Mathematiker, der auf die Gültigkeit aller von ihm bewiesenen Theoreme der Theorie des Hilbertraumes besteht, dem Physiker vor, wie er sich die nunmehr „abstrakt" gewordene Welt im Detail vorzustellen hat, nämlich indem er sich gedanklich in eben diesen unendlichdimensionalen Hilbertraum begibt.

Heisenbergs Operatorformulierung der Quantenphysik gab der Kritik am mechanisch-materialistischen Teilchenbegriff neuen Schwung. An einem einfachen Beispiel erläutern wir den Grundgedanken, der sich der Anschauung nicht einschmeichelt. Elektronen haben nicht nur Ladung und Masse, sondern auch einen sogenannten „Eigendrehimpuls", einen „Spin", der durch drei Operatoren $\widehat{s}_x$, $\widehat{s}_y$ und $\widehat{s}_z$ beschrieben wird, welche die Projektionen des Spinvektor-Operators $\vec{\widehat{s}}$ auf die x, y und z Achse eines Koordinatensystems angeben. Die Darstellung dieser Operatoren $\widehat{s}_i = (\hbar/2)\widehat{\sigma}_i$ $(i = x, y, z)$ durch Pauli-Matrizen

$$\widehat{\sigma}_x = \begin{pmatrix} 0 & 1 \\ 1 & 0 \end{pmatrix}, \quad \widehat{\sigma}_y = \begin{pmatrix} 0 & -i \\ i & 0 \end{pmatrix}, \quad \widehat{\sigma}_z = \begin{pmatrix} 1 & 0 \\ 0 & -1 \end{pmatrix},$$

zeigt an, dass die Komponenten des Spinvektors die Eigenwerte (Messwerte) $\pm\hbar/2$ haben (die Eigenwerte der Pauli-Matrizen sind ± 1). Spezielle Spinzustände von drei Teilchen waren für einige Gedankenexperimente zum Verständnis der Quantenphysik von besonderem Interesse. Im folgenden Demonstrationsbeispiel werden lediglich die x bzw. y Komponenten der Spinvektoren von drei Elektronen betrachtet. Der

Dreiteilchenoperator $\widehat{\Lambda}_1 = \widehat{\sigma}_x^{(1)} \otimes \widehat{\sigma}_y^{(2)} \otimes \widehat{\sigma}_y^{(3)}$ führt die Spinkomponente x des ersten und die y Komponenten des zweiten und dritten Teilchens zusammen.[42] Analog aufgebaut sind die Operatoren $\widehat{\Lambda}_2 = \widehat{\sigma}_y^{(1)} \otimes \widehat{\sigma}_x^{(2)} \otimes \widehat{\sigma}_y^{(3)}$ und $\widehat{\Lambda}_3 = \widehat{\sigma}_y^{(1)} \otimes \widehat{\sigma}_y^{(2)} \otimes \widehat{\sigma}_x^{(3)}$. Da die Dreiteilchenoperatoren $\widehat{\Lambda}_1$, $\widehat{\Lambda}_2$ und $\widehat{\Lambda}_3$ alle miteinander kommutieren, haben sie gemeinsame Eigenvektoren. Greenberger, Horne und Zeilinger untersuchten den nach ihnen benannten speziellen Dreiteilchen-Spinzustand (GHZ-Zustand)[43]

$$\mid \psi\rangle = \frac{1}{\sqrt{2}} \left[|\uparrow\uparrow\uparrow\rangle - |\downarrow\downarrow\downarrow\rangle \right].$$

Für diesen Zustand haben alle drei Operatoren $\widehat{\Lambda}_i$ den Eigenwert 1: $\widehat{\Lambda}_1 \mid \psi\rangle = \widehat{\Lambda}_2 \mid \psi\rangle = \widehat{\Lambda}_3 \mid \psi\rangle = \mid \psi\rangle$. Bemerkenswert an diesem Quantenzustand ist folgendes: Er kreiert eine Gesamtheit, hervorgegangen aus drei Teilen, aber Teile hat die Gesamtheit nicht. Die GHZ Wellenfunktion $\mid \psi\rangle$ beschreibt etwas „Reales“, das sich aus den Spins dreier Teilchen bilden kann, das aber nicht aus ihnen besteht – es ist etwas gänzlich Neues, Elementares entstanden, an dessen Aufbau drei Teile einst mitwirkten. Dabei ist zu beachten, dass dieses emergente neue „Quantending“ auch dann noch besteht, wenn der Abstand der Elektronen Lichtjahre beträgt (die Wellenfunktionen des Ortes spielen nämlich für die Spineigenschaften keine Rolle).

Die Behauptung, dass der GHZ Zustand eine teillose Ganzheit ist, lässt sich leicht indirekt beweisen. Dazu nehmen wir an, dass die lokalen Spinkomponenten der drei Elektronen im kollektiven GHZ Zustand erhalten bleiben, d.h. dass die Ganzheit aus Teilen besteht. Die postulierten lokalen Messwerte seien $m_{(i)}^j = \pm 1$ mit $i = x, y$ und $j = 1, 2, 3$. Aus den Eigenwertgleichungen der Operatoren $\widehat{\Lambda}_1$, $\widehat{\Lambda}_2$ und $\widehat{\Lambda}_3$ für den Zustand $\mid \psi\rangle$ können wir dann folgern:

$$m_x^{(1)} m_y^{(2)} m_y^{(3)} = m_y^{(1)} m_x^{(2)} m_y^{(3)} = m_y^{(1)} m_y^{(2)} m_x^{(3)} = 1,$$

und daher auch

$$(m_x^{(1)} m_y^{(2)} m_y^{(3)})(m_y^{(1)} m_x^{(2)} m_y^{(3)})(m_y^{(1)} m_y^{(2)} m_x^{(3)}) = 1 = m_x^{(1)} m_x^{(2)} m_x^{(3)}.$$

---

42 Das Symbol $\otimes$ bezeichnet das Tensorprodukt.

43 Es gilt: $|\uparrow\uparrow\uparrow\rangle = |\uparrow\rangle \otimes |\uparrow\rangle \otimes |\uparrow\rangle$ mit $|\uparrow\rangle = \begin{pmatrix} 1 \\ 0 \end{pmatrix}$ und $|\downarrow\downarrow\downarrow\rangle = |\downarrow\rangle \otimes |\downarrow\rangle \otimes |\downarrow\rangle$ mit $|\downarrow\rangle = \begin{pmatrix} 0 \\ 1 \end{pmatrix}$.

Dem widerspricht jedoch die Eigenwertgleichung $\widehat{\Lambda}_x \mid \psi\rangle = - \mid \psi\rangle$ des Operators $\widehat{\Lambda}_x = \widehat{\sigma}_x^{(1)} \otimes \widehat{\sigma}_x^{(2)} \otimes \widehat{\sigma}_x^{(3)}$, die wegen der vorausgesetzten Lokalität auf $m_x^{(1)} m_x^{(2)} m_x^{(3)} = -1$ führt und nicht auf $m_x^{(1)} m_x^{(2)} m_x^{(3)} = 1$, wie oben abgeleitet. Wegen dieses Widerspruchs muss die Voraussetzung verworfen werden, dass die individuellen Spinzustände der drei Teilchen irgendwie im kollektiven Zustand $\mid \psi\rangle$ noch „vorhanden“ sind.[44]

Der Gedankengang kommt hier ins Stocken, nicht nur, weil auch dem genialen Albert Einstein die Radikalität des erzwungenen Umdenkens in der Naturphilosophie nicht behagte. Wie können drei Teilchen eine teillose Ganzheit bilden? Wohin sind die Teile verschwunden, woher kommt das neue Ganze? Schließlich können die x bzw. y Komponenten der Spins aller drei Teilchen jederzeit gemessen werden (obschon der kollektive GHZ Zustand dafür „zerlegt“ werden müsste). Einsteins Einwand lautete sinngemäß folgendermaßen: Was am Ort (1), der unter Umständen sehr weit entfernt ist von den Teilchen 2 und 3, gemessen wird, was also den kollektiven Zustand zerlegt und damit auch den Teilen 2 und 3 ihre individuellen Spinkomponenten zuweist, muss im kollektiven Zustand $\mid \psi\rangle$ bereits „vorpräpariert“ gewesen sein. Ein Rütteln an einem Teilchen am anderen „Ende“ der Welt, kann doch nicht augenblicklich hienieden wirksam werden, indem es die Spins der Teile 2 und 3 „entfesselt“. So schnell kann keine Wirkung übertragen werden. Alle Teile müssten demnach schon im Voraus „wissen“, ohne sich erst „abzusprechen“, ob am Teilchen 1, weit hinten im Winkel der Welt, entweder die x oder die y Komponente des Spins gemessen wird. In der berühmten Arbeit von Einstein, Podolsky und Rosen (EPR) aus dem Jahre 1935 schreiben die Autoren: „If, without in any way disturbing a system, we can predict with certainty the value of a physical quantity, then there exists an element of physical reality corresponding to this physical quantity.“[45] Zahlreiche theoretische und experimentelle Arbeiten haben diese Streitfrage zu Gunsten der Quantenphysik geklärt: Was vom mechanisch-materialistischen Standpunkt aus undenkbar ist, gehört tatsächlich zur Wirklichkeit, nämlich aus Teilen gebildete Gesamtheiten, die nicht mehr aus Teilen bestehen. Nicht nur, dass sich die Teile im „Untergrund“ nicht „besprechen“ – im ver-

[44] Auf derselben Linie liegt das allgemeine Kochen-Specker Theorem. Es besagt: Für jedes Quantensystem, das komplizierter ist als das Modell eines ruhenden Elektrons im Vakuum, ist es unmöglich, allen Observablen konsistent ihre Messwerte zuzuweisen, unabhängig davon, ob sie messbar sind oder nicht.

[45] A. Einstein, B. Podolsky, N. Rosen, Phys. Rev. 47 (1935), S. 777–780.

schränkten Quantenzustand „gibt“ es die „Teile“ nicht. Da sich das Ganze auf nichts Elementares zurückführen lässt, existieren prinzipiell keine „verborgenen“ Parameter, die den „Aufbau“ der Gesamtheit von „unten her“ regeln. Zum ersten Mal entdeckten Naturforscher ein echtes Emanationsgesetz, welches die Entstehung von ganzheitlichen, neuen Entitäten beschreibt. Insofern verschränkte Zustände in der Quantenphysik allgegenwärtig sind, ist das „Elementare“ nicht auf wenige atomare „Bausteinchen“ beschränkt. Dass sich zu den Elementarteilchen die vielen Quasi-Teilchen der Vielteilchenphysik gesellen, nimmt den ersteren ihre Sonderstellung. Viele experimentelle Ergebnisse untermauern die Theorie der quanten-mechanischen Verschränkung und Nichtlokalität; auf die von Nicolas Gisin et al. publizierten Messdaten weisen wir ausdrücklich hin.[46]

Dieser Gedanke muss festgehalten werden: Es gibt in der Natur „Basisbausteine“ (verschränkte Zustände), die keinesfalls „Teilchen“ sind, die keinesfalls an einem Ort, zu einer bestimmten Zeit aufgegriffen werden können. Was uns einzig hilft, diese „Objekte“ zu verstehen, ist die Schrödingersche Wellenfunktion $\mid \psi(\vec{r}, t)\rangle$, ist ein bloßes komplexes Zahlenschema, das gewichtete Möglichkeiten (Potentialitäten) festlegt. Elementare „Bausteine“ sind in der Quantenphysik also eher „Gedankenspiele“ als „Klötzchen“. Obwohl die abstrakte Funktion $\mid \psi(\vec{r}, t)\rangle$ parametrisch von den Raum-Zeitkoordinaten abhängt, ist sie weder lokalisierbar noch messbar. Die Potentialität, beschrieben durch die Wellenfunktion, ist „überräumlich“ und „überzeitlich“. Die der Materie scheinbar entgegenstehende Potentialität kann also nicht hier entstehen und dort vergehen – sie ist der Zeitlichkeit grundsätzlich entzogen. Wehe also, wenn die „Quantengeister“ (die verschränkten „Undinge“) den Naturalisten ins Blickfeld gerieten, sie müssten den „Realismus“ ihrer mechanistischen Weltauffassung auf den Prüfstand stellen, mit ungewissem Ausgang.

Welche Bewandtnis hat es nun mit dem objektiven „Geist“ in der Welt? Als eine Eigenschaft gewisser Molekülhaufen, die sich im gigantischen Universum, bestehend aus Abermilliarden Galaxien, offenbar nur sehr selten zusammenfinden, kann der (menschliche) Geist allenfalls eine exotische Randerscheinung sein, die, wenn sie fehlte, am Gesamtbild nichts änderte. Der Medizin-Nobelpreisträger, Jacques Monod, fand passende Worte zur „Lebenshilfe“ für Nihilisten: „Der Alte Bund ist

[46] W. Tittel, J. Brendel, H. Zbinden, N. Gisin, Physical Review Letters **81**, 3563 (1998).

zerbrochen; der Mensch weiß endlich, daß er in der teilnahmslosen Unermesslichkeit des Universums allein ist, aus dem er zufällig hervortrat."[47] Kleiner kann sich der Mensch nicht machen, erschreckender kann wohl eine Lebensweisheit nicht sein.

Dabei gibt es einen scheinbar naiven Einwand, der zum Weiterdenken zwingt. Wir fragen zusammen mit David Deutsch: „Wie unvollständig ist eigentlich eine Kosmologie, die nicht berücksichtigt, welche Intelligenz im Weltall wirkt oder wirken kann"? Mit seiner geistigen Schöpferkraft vermag der Mensch nämlich technische Dinge herzustellen, die es im Universum sonst nicht gibt. Vom Ziegelstein bis zum Mikroprozessor schafft die geistige Schöpferkraft Fakten, die nicht die Kreation von blind wirkenden Naturgesetzen sein können. Selbst einfache Fertigungsprozesse unter Einbeziehung der erforderlichen Intelligenzleistung der Produzenten naturwissenschaftlich mit mikroskopischen Bewegungsgleichungen vollständig nachzuzeichnen, ist nach dem heutigen Kenntnisstand völlig undenkbar.

Der Quanteninformatiker, David Deutsch, rechnet vor, dass die Anzahl aller spontan entstandenen Dinge in der Welt nicht ins Gewicht fällt im Vergleich zur Gesamtzahl aller produzierbaren Gegenstände, die intelligente Wesen künstlich hervorbringen können.[48] Seine Schlussfolgerung aus dieser Überlegung steht im Gegensatz zur Monod'schen Herabwürdigung des Menschen: „It follows that humans, people and knowledge are not only objectively significant: they are by far the most significant phenomena in nature – the only ones whose behavior cannot be understood without understanding everything of fundamental importance."[49] Steht demnach das kreative Denkvermögen im Zentrum aller konsistenten, kosmologischen Betrachtungen, so kann das Fundament der Naturwissenschaft – die Quantenphysik – nicht unbefragt bleiben, wenn über das Wesen des Geistes nachgedacht wird.[50] Nicht nur

[47] J. Monod, Zufall und Notwendigkeit, Deutscher Taschenbuch Verlag, München, 1988, S. 157.

[48] Wer im Kosmos einen Ort sucht, dessen Temperatur nur ein Millionstel Grad über Null liegt, der muss ein Labor aufsuchen.

[49] D. Deutsch, The Beginning of Infinity, Allen Lane, 2011, S. 74.

[50] Meister Eckhart konnte von der Lobpreisung der Seele nicht ablassen: „O Wunder über Wunder, wenn ich an die Vereinigung denke, die die Seele mit Gott hat: Er macht die Seele freudewonnig aus sich selber fließen und alle nennbaren Dinge genügen ihr nicht mehr. Ja, sie genügt auch sich selber nicht. Der göttliche Liebesquell strömt auf sie über und reißt sie aus sich selber hinüber in ihren ersten Ursprung, der Gott alleine ist. In ihm kommt die Seele zu ihrer höchsten Vollendung." Meister Eckhart, Vom Wunder der Seele, Philipp Reclam, Stuttgart, 2007, S.19.

alle gefertigten Gegenstände müssen zum Gesamtbestand der Wirklichkeit gerechnet werden, sondern auch das erforschte Machbare und das sich selbst Erkennen des Erkennenden. Um das tiefste Rätsel, nämlich um die Selbsterkenntnis des Seins, exemplarisch vollzogen durch den menschlichen Verstand, kreisen bekanntermaßen von Anfang an alle philosophisch-theologischen Gedanken.[51]

Ein gewichtiges Argument, den quanten-physikalischen Ursprung der geistigen Kreativität des Menschen betreffend, hat der Physiker und Mathematiker Roger Penrose weiterverfolgt. Sprünge beim Erkenntnisgewinn in den Naturwissenschaften deuten darauf hin, dass der Fortschritt nicht nur die Folge einer algorithmischen Abarbeitung von Forschungsstrategien war. Nicht vorhersagbare Einfälle, ob dem „Bauchgefühl" oder der Intuition geschuldet, waren oft die Geburtshelfer von neuen, umfassenderen Theorien, nicht jedoch das Anschalten von „Denk"- oder „Beweis"- Maschinen. Wenn das schöpferische Denken (die Menschenseele) hingegen das Resultat eines einfachen Substanzaustausches wäre, also das „Quietschen" eines mechanischen „Räderwerks", dann bewegte es sich stets streng auf algorithmisch vorgezeichneten Bahnen. Ein freies „Springen" aus dem System heraus, um es hernach besser zu verstehen und sodann neuartige Gerätschaften unter Anleitung des neuen Wissens zu bauen, wäre nicht möglich.

Wenn die „Seele" also grundsätzlich schöpferisch ist, nicht-algorithmisch vorgehen kann, dann muss man ihr nicht nur einen einfachen mechanischen, sondern auch einen quanten-mechanischen Ursprung absprechen, da auch Quantengesetze Abläufe *algorithmisch* ordnen. Letztlich könnte lediglich eine noch unbekannte Quantentheorie der Gravitation weiterhelfen, um dem Phänomen „geistige Schöpferkraft" des Menschen naturwissenschaftlich gerecht zu werden. Eine viel beachtete Hypothese formulierten Roger Penrose und Stuart R. Hameroff.[52] Sie vermuten, dass sich in den von Tubulinen gebildeten Nanoröhren (Microtubuli) des Cytoskeletts von Nervenzellen kohärente Quantenkonglomerate und verschränkte Zustände bilden. Dieses „Gemisch" reiner

[51] Ein Satz von Helmut Kuhn steht stellvertretend für viele gleichlautende Bekenntnisse zur Macht der Vernunft: „Vernunft kann nicht bloß als eine unter vielen Fähigkeiten angesehen werden, sondern sie ist ... jene spezifisch menschliche ‚Macht', deren Wirken in einzigartiger Weise mit den Aufbauprinzipien der Wirklichkeit übereinstimmt oder sich analogisch zu ihnen verhält." H. Kuhn, Begegnung mit dem Nichts, Verlag J.C.B. Mohr, Tübingen, 1950, S. 141.

[52] R. Penrose, Das Große, das Kleine und der menschliche Geist, Spektrum Akademischer Verlag, Heidelberg, Berlin, 1998.

Quantenpotentialität in den Molekülketten wird durch einen *objektiven*, nicht-berechenbaren „Kollaps der Wellenfunktionen" „faktifiziert", d.h. in „greifbare Realität" verwandelt. Der Kollaps selbst (die objektive Reduktion der Wellenfunktion) sei Folge des raum-zeitlichen Engagements der Massen aller beteiligten Substanzen, die nicht willkürlich, sondern in einem „Kontext" stehend (in vitro) im Raum verteilt sind. Begründet wird die nicht-Berechenbarkeit des kreativen Geistes durch die in den Microtubuli nicht algorithmisch stattfindende objektive Ausreduktion der Wellenfunktion gemäß einer noch zu formulierenden, neuartigen Theorie der Quantengravitation. Quanten-mechanische Überlagerungszustände haben nämlich in einer durch Massen verzerrten Raum-Zeit die Lebensdauer $\tau = \hbar/E_G$, wobei E_G die potentielle Energie der Massenansammlung aller im quanten-mechanischen Zustand eingeschmolzenen Teile ist. Roger Penrose vermutet, dass diese Zeit τ zu den γ Wellen korrespondiert, die mit ihrer Frequenz von 40 Hz von Neurobiologen für Synchronisationsleistungen des Gehirn verantwortlich gemacht werden. Gemäß der Penrose-Hameroff'schen Orch-OR Hypothese (orchestred objective reduction hypothesis) kann die Wirklichkeit des Bewusstseins letztlich nur quanten-ontologisch, basierend auf einer Theorie der Quantengravitation, zur Sprache gebracht werden. Seinem Wesen nach sei Bewusstsein, sei das Denkvermögen des Menschen ein der Anschauung gänzlich entzogenes Phänomen, ein Phänomen der Quantengravitation, deren abschließende Theorie erst noch erarbeitet werden muss.[53]

Um naturwissenschaftlich die behauptete Schöpferkraft des Geistes zu begründen, setzen Penrose und Hameroff zwei Schwerpunkte: 1) die rätselhafte Quantenkorrelation (verschränkte Zustände in den Microtubuli) und 2) deren wiederholte objektive Überführung (objektive Reduktion) in „Realität" durch postulierte Effekte der nicht-algorithmischen Quantengravitation. Würde sich die Quantenverschränkung in den Molekülketten durch Störeinflüsse der Umgebung erst gar nicht herausbilden können, dann wäre die Orch-OR Hypothese der Autoren allerdings sofort widerlegt.

Nun ist aber die Verschränkung, welche einen maximalen, nicht-klas-

---

[53] Roger Penrose schrieb: „Meine Vorstellung ist also folgende: In den Mikrotubuli spielen sich zunächst einmal herkömmliche Quantenprozesse ab; diese schotten sich hinreichend lange – vielleicht für die Größenordnung von einer Sekunde – vom übrigen Material ab ... nichtberechenbare Bestandteile kommen ins Spiel, und es ergibt sich etwas, das von der Standardquantentheorie wesentlich verschieden ist.", R. Penrose, Das Große, das Kleine und der menschliche Geist, Spektrum Akademischer Verlag, Heidelberg, Berlin, 1998, S. 168.

sischen Charakter hat, nicht die einzige Art von Quantenkorrelationen. Zustände können quanten-mechanisch korreliert sein, auch wenn sie nicht verschränkt sind. Das „Maß“ dafür nennt man „quantum-discord“. Quantifiziert wird der Grad der Quantenkorrelation, indem von der Quanteninformation eines Qbit-Paares (ein Maß für das „Wissen“ voneinander) der gegenseitige Informationsgehalt abgezogen wird, den eine rein klassische Korrelation übrig lässt. Der quantum-discord gibt an, inwieweit Korrelationen zwischen Teilchen einen irreduziblen Quantencharakter haben. Unterhalb der maximalen Quantenkorrelation, die bei Verschränkung vorliegt, schließt nicht gleich das klassische Regime an, vielmehr gibt es einen breiten quanten-mechanischen Übergangsbereich, in dem nicht-klassische (nicht-„faktifizierte“) Zustände anzutreffen sind. Da Quantenzustände dieser Art weitaus robuster gegen Störeinflüsse der Umgebung sind als gänzlich verschränkte Zustände, erhöht sich die Überzeugungskraft aller Spekulationen, die Quanteneffekte für Lebensprozesse mitverantwortlich machen. Dies gilt insbesondere für die Hypothese von Penrose und Hameroff.

Chris Clarke griff eine Kritik an der Orch-OR Hypothese auf und erweiterte damit den Blickwinkel auf den vermuteten Zusammenhang zwischen Quanten- und Bewusstseinszuständen.[54] Da eine einzelne Microtubuli nicht schwer genug ist, um den Kollaps der Wellenfunktion herbeizuführen, müssen alle Nanoröhren in der gesamten Zelle wie in einem Orchester zusammenwirken, wollen sie aus dem „unendlichen Gemisch“ der Quantenpotentialitäten ihr eigenes, individuelles Ereignis herbeiführen. Chris Clarke forderte, diesem ersten Erweiterungsschritt hin zum Verständnis von Subjektivität, weitere folgen zu lassen. Zum „Orchester“ gehören neben den Microtubuli und Zellen aufsteigend auch Zellhaufen, Organe und ganze Organismen. Man müsse sogar umgekehrt vorgehen, nämlich die Welt des Geistes nicht von „unten“, sondern von „oben“ her aufbauen. Der gesamte Kosmos ist der Ausgangspunkt – er ist autonom, seine Wellenfunktion kann nicht kollabieren, vielmehr ist sie hochgradig verschränkt und deshalb Ausdruck einer „großen Einheit“. Diesem geschlossenen Ganzen ist dennoch eine „Seinshierarchie“ eingeprägt. Verschachtelte, relativ selbstständige Komponenten der kosmischen Wellenfunktion erscheinen den internen Beobachtern, die nicht das ganze Bild überschauen können, als abgrenzbare Entitäten, als Vielheit, als Geist und Substanz. Mit dieser Auslegung der Penrose-Hameroff'schen Hypothese nahm Chris Clarke Schritt auf mit der philosophisch-theologischen Tradition.

[54] Chris Clarke, Knowing, Doing, and Being, Imprint Academic, Exeter, 2013.

Die Grundsatzkritik am mechanisch-materialistischen Naturalismus erstreckt sich auch auf den Begriff „Historie". Anknüpfend an die Heisenberg'sche Matrizenmechanik wurde nämlich ein weiterer naturwissenschaftlicher Begriff als fundamental erkannt: die Inkompatibilität (Komplementarität) gewisser Messgrößen zueinander (die Heisenberg'sche Unbestimmtheit). Diese nicht-klassische Ordnungsstruktur in der Naturtheorie impliziert auch eine Revision und quantenmechanische Vertiefung des geläufigen Begriffs „Historie", der auf einen zeitlichen Verlauf von Ereignissen bezogen ist. Auf Seite 51 wurde darauf hingewiesen, dass den physikalischen Observablen wie Ort, Impuls, Drehimpuls, Energie in der Heisenberg'schen Quantenphysik hermitesche Operatoren $\widehat{A}$, $\widehat{B}$ des Hilbertraums zugeordnet sind, zu denen Eigenwerte (a_i, b_j) sowie Eigenvektoren ($\mid \psi_i\rangle$, $\mid \varphi_j\rangle$) gehören, welche die Eigenwertgleichungen

$$\widehat{A} \mid \psi_i\rangle = a_i \mid \psi_i\rangle, \qquad \widehat{B} \mid \varphi_j\rangle = b_j \mid \varphi_j\rangle$$

lösen. Dabei gibt das Betragsquadrat des Skalarproduktes $\mid \langle\psi_i \mid \psi_i\rangle \mid^2$ die Häufigkeit des Messwertes a_i bei wiederholten gleichartigen Messungen an. Eine bedeutsame Eigenschaft der Funktionen $\mid \psi_i\rangle$ (aber auch der $\mid \varphi_j\rangle$) ist deren Vollständigkeit, ergänzt durch die Normierungsbedingung $\sum_i \mid \langle\psi_i \mid \psi_i\rangle \mid^2 = 1$. Folglich kann jeder beliebige Zustandsvektor im Hilbertraum (also auch die Vektoren $\mid \varphi_j\rangle$) aus den Funktionen $\mid \psi_i\rangle$ linear kombiniert (zusammengesetzt) werden:

$$\mid \varphi_j\rangle = \sum_i \mid \psi_i\rangle\langle\psi_i \mid \varphi_j\rangle.$$

Die Größe $\langle\psi_i \mid \varphi_j\rangle$ bezeichnet das komplexwertige Skalarprodukt der Vektoren $\mid \psi_i\rangle$ und $\mid \varphi_j\rangle$. Die in die klassischen Physik prinzipiell nicht integrierbare, grundlegende Quanteninkompatibilität ist Folge der nicht-Vertauschbarkeit von gewissen Operatoren $\widehat{A}\widehat{B} \neq \widehat{B}\widehat{A}$. In diesem Fall haben $\widehat{A}$ und $\widehat{B}$ keine gemeinsamen Eigenvektoren.[55] Beispielsweise kommutieren die Orts- ($\widehat{\vec{r}}$) und Impulsoperatoren ($\widehat{\vec{p}} = -i\hbar\nabla_{\vec{r}}$) nicht miteinander. Daher gibt es keine Vektoren $\mid \psi_i\rangle$, mit deren Hilfe die momentanen Erwartungswerte sowohl für den Ort als auch für den Impuls berechnet werden könnten. Beide Begriffe „Ort" und „Impuls" sind

[55] Angenommen es gelte $\widehat{A} \mid \psi\rangle = a \mid \psi\rangle$ und $\widehat{B} \mid \psi\rangle = b \mid \psi\rangle$, dann ergäbe sich wegen der Voraussetzung $\widehat{A}\widehat{B} \neq \widehat{B}\widehat{A}$: $\widehat{A}\widehat{B} \mid \psi\rangle = ab \mid \psi\rangle \neq \widehat{B}\widehat{A} \mid \psi\rangle = ba \mid \psi\rangle$, was offensichtlich ein Widerspruch ist.

in Strenge derart rigoros voneinander zu trennen, dass nicht nur ihre simultane Messbarkeit geleugnet werden muss, sondern dass sie sich sogar gegenseitig die Existenzberechtigung entziehen. Ist nämlich der Ort eines Teilchens genau bekannt, dann ist sein Impuls nicht einfach nur unbekannt, vielmehr ist er in diesem Moment undefinierbar. Wer in dieser Situation dennoch am komplementären Begriff festhält, verstrickt sich in heillose Paradoxien.[56] Das einzigartige quasi-klassische Erscheinungsbild der Natur (zum Teilchen gehören immer gleichzeitig Ort, Impuls, Drehimpuls, ...) wird in der Quantentheorie aufgefächert, zerrissen und vom Beobachtungsstandpunkt abhängig gemacht. Dabei können die verschiedenen Sichtweisen auf das „Ereignis“ $\mid \Phi\rangle$ (eingenommen vom Standpunkt der Eigenvektoren $\mid \psi_i\rangle$ des Operators $\widehat{A}$: $\mid \Phi\rangle = \sum_i \langle \psi_i \mid \Phi\rangle \mid \psi_i\rangle$, oder vom Standpunkt der Eigenvektoren $\mid \varphi_j\rangle$ des Operators $\widehat{B}$: $\mid \Phi\rangle = \sum_j \langle \varphi_j \mid \Phi\rangle \mid \varphi_j\rangle$) zueinander kompatibel (wenn $\widehat{A}$ und $\widehat{B}$ kommutieren: $\widehat{A}\widehat{B} = \widehat{B}\widehat{A}$) oder inkompatibel sein (wenn $\widehat{A}$ und $\widehat{B}$ nicht kommutieren: $\widehat{A}\widehat{B} \neq \widehat{B}\widehat{A}$).

Selbst die Quantengesetze für zeitliche Abläufe von Einzelereignissen werden diktiert von den Stichpunkten „Verschränkung“, „Nicht-Lokalität“ und „Inkompatibilität“. Verwirrende Eigentümlichkeiten der Quantenhistorien lassen sich am Beispiel der Funktionsweise eines Interferometers gut illustrieren. Den schematischen Versuchsaufbau zeigen die Abbildungen 0.4.5 und 0.4.6. Teilchen, die von einer Quelle 1 bereitgestellt werden, treffen auf einen Strahlenteiler ST1, den sie zu gleichen Teilen ungehindert passieren oder im rechten Winkel verlassen. Beide Teilstrahlen werden jeweils an Spiegeln so reflektiert, dass sich anschließend ihre Wege kreuzen. An den beiden Endpunkten A und B befinden sich Teilchendetektoren. Häufige Messungen werden das theoretisch vorhergesagte Ergebnis bereits befriedigend bestätigen: den beiden Quantenhistorien (1) den unteren Weg zum Messgerät bei A, 2) den oberen Weg zum Messgerät bei B) müssen jeweils der Wahrscheinlichkeitswert 1/2 zugeschrieben werden ($p_{\text{unten}} = p_{oben} = 1/2$). Beide Historien bilden ein vollständiges konsistentes Bündel ($p_{\text{unten}} + p_{\text{oben}} =$

[56] Bekanntlich sind die drei Operatoren der Komponenten des Spinvektors nicht vertauschbar. Daher ist die Aussage: „Die x und z Komponenten des Spinvektors eines Teilchens haben zur Zeit t denselben Wert $\hbar/2$“, immer falsch. Die Negation dieses Satzes („Die x oder z Komponente des Spinvektors eines Teilchens hat zur Zeit t den Wert minus $\hbar/2$.“) ist unter Umständen auch falsch. Da der formallogische Satz vom ausgeschlossenen Dritten augenscheinlich hier nicht gilt, ist die Behauptung, die Spinkomponente x habe diesen, die Komponente z jenen Wert zur Zeit t, nicht einfach nur falsch, sondern Nonsense. Im Laufe der Zeit können allerdings alle Komponenten des Spinvektors nacheinander gemessen werden.

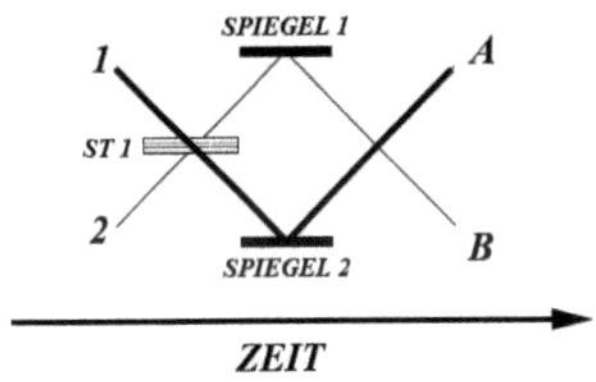

Abbildung 0.4.5:
Experimenteller Aufbau zum Studium der Quantenausbreitung im Interferometer. Ein Strahlenteiler ST1 und zwei Spiegel dirigieren den von 1 ausgehenden Licht- oder Elektronenstrahl durch das Instrument. Können die Partikel den Strahlenteiler ungehindert durchqueren, so gelangen sie alle zum Ausgang A.

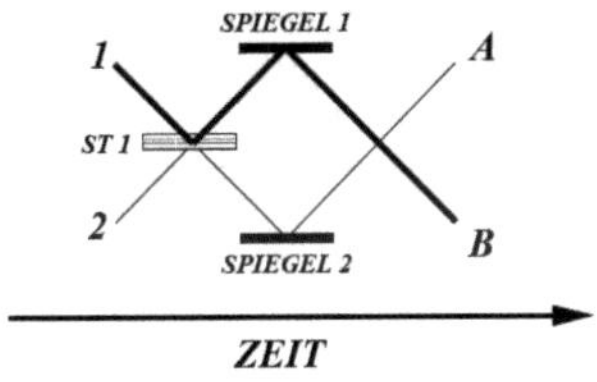

Abbildung 0.4.6:
Den Ausgang B erreichen alle Teilchen, die am Strahlenteiler ST1 reflektiert werden. Im Idealfall sind die Ankünfte bei A (linke Abbildung) und B (rechte Abbildung) gleich wahrscheinlich ($p_{\text{unten}} = p_{\text{oben}} = 1/2$).

1). Zu dieser vollständigen „Sicht" auf mögliche Abläufe im Interferometer (Bewegung eines Teilchens von 1 nach A bzw. B) gibt es in der Quantenphysik auch dazu inkompatible „Szenarien". Eine weite-

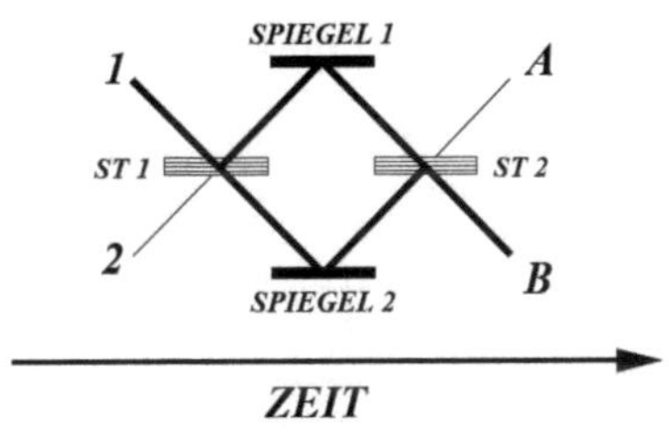

Abbildung 0.4.7:
Für das vervollständigte Interferometer mit zwei Strahlenteilern gibt es nur einen möglichen Bewegungsablauf: Jedes einlaufende Quantenobjekt muss gleichzeitig beide Wege zum zweiten Strahlenteiler ST2 nehmen, wird dort interferieren, um anschließend nur bei B anzukommen.

re mögliche Quantenhistorie ist in Abbildung 0.4.7 dargestellt. Wieder gelangt ein Quantenteilchen von der Quelle 1 zum Strahlenteiler ST1, nimmt nun aber zur „Kenntnis", dass es auf einen zweiten Strahlenteiler ST2 treffen *wird.* Nun muss sich das Quantenteilchen seines Verschränkungsvermögens „besinnen", muss beide Wege simultan durchqueren, um am zweiten Strahlenteiler mit sich selbst zu interferieren. Als Folge der Interferenz wird das Teilchen nur noch vom Detektor B, niemals jedoch vom Detektor A registriert. Das Bündel der Quantenhistorien, das alle wellenförmigen (verschränkten) Fortbewegungsformen der „Teilchen" umfasst, besteht in diesem Spezialfall aus nur einer Historie ($p_{\text{welle}} = 1$).[57] Generell gehören zu jedem Quantensystem viele zueinander kompatible und inkompatible Bündel von Quantenhistorien.

Die Inkompatibilität von möglichen Quantengeschichten, die gemäß der klassischen Physik undenkbar ist, zählt zu den „Naturwundern", welche Quantenphysiker aufdeckten. Dass gewisse historische Abläufe, die alle möglich sind, unter keinen Umständen parallel ablaufen können, folgt aus der Nichtvertauschbarkeit der zugeordneten Klassenoperatoren (siehe Seite 65). Zwei jeweils konsistente, vollständige Bündel von Historien H_i und h_j (1: $\{H_1, H_2, H_3\}$ und 2: $\{h_1, h_2\}$) seien zueinander inkompatibel. Dann lassen sich den beiden Gruppen von zeitlichen Abläufen jeweils Wahrscheinlichkeitswerte $p(H_i)$ und $p(h_j)$ zuordnen, für die gilt: $p(H_1) + p(H_2) + p(H_3) = 1$ und $p(h_1) + p(h_2) = 1$. Es gibt für dieses Beispiel also zwei verschiedene, jeweils vollständige Beschreibungsweisen ein und desselben Geschehens. Welche von beiden Varianten wird bevorzugt, welche „realisiert" sich, welche bleibt nur „möglich"? Da kein Auswahlkriterium bekannt ist, schlug der Physiker

[57] Die Wege zwischen den beiden Strahlenteilern können sehr lang sein, so dass genügend Zeit bleibt, nach Laune erst dann zu entscheiden, ob ein zweiter Beamsplitter in den Strahlengang gestellt wird, wenn das quantenhafte Testteilchen den ersten Strahlenteiler längst passiert hat. Wie verhält sich das Teilchen, während es eventuell lange Zeit „unsicher" ist, ob schließlich ST2 verwendet wird oder nicht – wie ein Teilchen oder wie eine Welle? Der einflussreiche amerikanische Physiker John Wheeler vertrat die Ansicht: Erst wenn ein zweiter Strahlenteiler installiert oder deinstalliert wird, steht fest, wie sich das Teilchen in der gesamten Vergangenheit verhielt. Wird kurz vor der Ankunft des „Quantenobjekts" der halbdurchlässige Spiegel ST2 schnell in den Strahlengang geschoben, dann geht ein „Ruck" durch die ganze Vergangenheit, weil nun feststeht: dieses Teilchen *bewegte* sich die ganze Zeit im Interferometer wie eine Welle und nicht wie ein Teilchen. Überzeugender, wenn auch nicht minder spektakulär, antworten Anhänger der Consistent History Interpretation der Quantenmechanik (R.B. Griffiths, Fortschritte der Physik, Vol. 46, Nr. 6-8, 741-748 (1998)). Gemäß dieser konsistenten Interpretation der Quantenphysik setzt sich das vollständige Quantenbild aus allen kompatiblen und inkompatiblen Bündeln von Historien zusammen. Dieser vollständige Katalog bleibt unangetastet bis zum Eintreffen des Teilchens am Kreuzungspunkt ST2, unabhängig davon, ob dort ein zweiter Strahlenteiler nun installiert ist oder nicht.

Hugh Everett vor, den Ausgangszustand A als einen Verzweigungspunkt aufzufassen. In der Welt W_H können sich die Historien H_i, in der Welt W_h die Historien h_j „realisieren". Wegen der Inkompatibilität vermögen es die „Bewohner" beider Welten nicht, sich gegenseitig in die „Karten zu schauen". Niemand kann je etwas über die postulierten „Parallel-Universen" erfahren. Aber es müsse sie „geben", weil die Theorie sie fordert – meinte Everett. Jedes noch so unscheinbare Ereignis würde demnach eine sich auffächernde Kaskade von unterschiedlichen Welten auslösen. Deshalb darf nicht einmal das kleinste Detail eines Versuchsaufbaus unter den „Tisch fallen".

Ein Beispiel zeigt die Abbildung 0.4.8. Zwei Messgeräte, installiert am

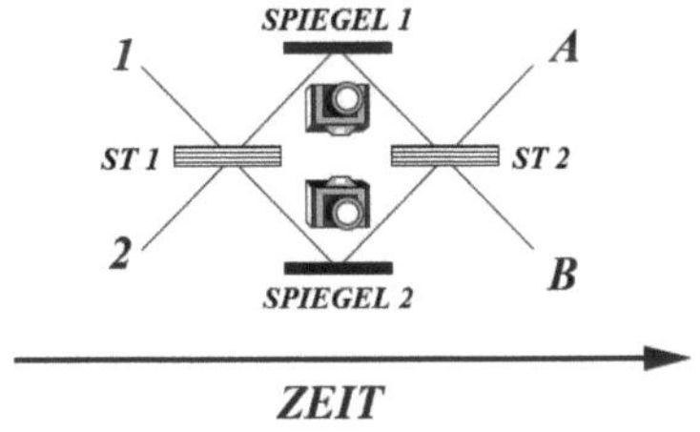

Abbildung 0.4.8:
Das Ordnungsschema der Quantenmöglichkeiten eines isolierten Systems wird in der Regel gründlich verändert, wenn zusätzlich etwas ankoppelt. Zwei Geräte sollen registrieren, was sich im Strahlengang ereignet. Wird mit zunehmender Messempfindlichkeit der Kameras die Passage eines Quantenteilchens im Interferometer registriert, so vermindert sich der Wellencharakter der Ausbreitung mehr und mehr, bis schließlich das „Quanten-Etwas" wie ein Teilchen entweder den einen oder anderen Weg entlang läuft.

Spiegel 1 und 2, sollen jeweils den Durchgang des Teilchens registrieren. Die Messempfindlichkeit quantifiziere ein Parameter α. Für perfekte Messungen gelte $|\alpha|^2 = 0$, $|\beta|^2 = 1$; für defekte Messgeräte sei $|\alpha|^2 = 1$, $|\beta|^2 = 0$ (wobei stets $|\alpha|^2 + |\beta|^2 = 1$ gilt). Im allgemeinen Fall, wenn die Geräte weder perfekt arbeiten noch unbrauchbar sind ($\alpha \neq 0$, $\beta \neq 0$), gelten für die Ankunftswahrscheinlichkeiten p_A bzw. p_B bei A bzw. B die Gleichungen $p_A = |\beta|^2/2$, $p_B = |\alpha|^2 + |\beta|^2/2$. Wird überhaupt nicht „hingeschaut", wo die Quantenteilchen gerade sind, dann gilt $\beta = 0$, d.h. $p_A = 0$, $p_B = 1$. In diesem Fall ist das „Wellenbild" für die Beschreibung des Ausbreitungsverhaltens uneingeschränkt gültig. Im anderen Grenzfall, wenn die Kameras alle Korpuskeln definitiv registrieren $\alpha = 0$, erreichen die Teilchen mit derselben Wahrscheinlichkeit $p_A = p_B = 1/2$ den Ausgang A bzw. B. Das „Teilchenbild“ ist nun uneingeschränkt gültig. Die strikte Inkompatibilität beider Bündel von Historien wird bereits aufgehoben, wenn sich $\mid \alpha \mid^2$ auch nur geringfügig von 0 oder 1 unterscheidet. In diesen Fällen „verschmelzen“ beide inkompatible Bündel zu einer einzigen Gesamtheit, in der alle Historien miteinander kompatibel sind. Das Beispiel illustriert die allgemeingültige Schlussfolgerung: Quantenhistorien, die isoliert partout nicht zusammengehören, können unter anderen Umständen, wenn etwas „dazwischenkommt“, doch eine „Symbiose“ eingehen. Nur unter quasi-klassischen Voraussetzungen gibt es lediglich ein einziges Ablaufschema von Ereignissen, auf das sich alle Beobachter einigen müssen. Sie nennen es „objektive Realität“: sie ist „da“, hingegen sind alle verpassten Möglichkeiten nicht „da“. Diese sich machtvoll aufdrängende mechanisch-materialistische Denkweise wird vom Quantenphysiker kritisiert. In seiner Theorie kommt diese „eine Wirklichkeit“ strenggenommen nirgends vor, dafür immer nur zueinander kompatible und sogar zueinander inkompatible „Möglichkeiten“, die erst alle zusammen das ausmachen, was er „Wirklichkeit“ nennen darf. Da mit diesen quanten-physikalischen Einsichten auf „Sein und Zeit“ ein völlig neues, philosophisch-theologisches Licht geworfen wird, genügen Illustrationen allein nicht, muss vielmehr auch das zugrundeliegende mathematische Gerüst beleuchtet werden.

Die möglichen Eigenschaften eines geschlossenen Quantensystems (eventuell des gesamten Kosmos) zur Zeit t werden repräsentiert durch einen vollständigen Satz von orthogonalen Wellenfunktionen $\{\mid \psi_\alpha(t)\rangle\}$ oder durch eine vollständige Sequenz von orthogonalen Projektionsoperatoren $\{\widehat{P}_\alpha(t)\} = \{\mid \psi_\alpha(t)\rangle\langle\psi_\alpha(t) \mid\}$ im Heisenberg Bild (Vollständigkeit meint: $\widehat{I} = \sum_\alpha \widehat{P}_\alpha(t)$, $\widehat{I}$ ist der Einheitsoperator; Orthogonalität bedeutet: $\widehat{P}_\alpha(t)\widehat{P}_\beta(t) = \delta_{\alpha\beta}\widehat{P}_\alpha(t)$. Die Projektionsoperatoren sind hermitesch: $\widehat{P}^\dagger_\alpha(t) = \widehat{P}_\alpha(t)$). Die Wahrscheinlichkeit p_α dafür, dass eine Wellenfunktion $\mid \psi\rangle$ des Systems in den Zustand $\mid \psi_\alpha\rangle$ der Basis $\{\mid \psi_\alpha\rangle\}$ unvermittelt „hineingerät“, ist gegeben durch die Norm des Zustandsvektors $\widehat{P}_\alpha \mid \psi\rangle$: $p_\alpha = \parallel \widehat{P}_\alpha \mid \psi\rangle \parallel^2 = \langle\psi \mid \widehat{P}^\dagger_\alpha \widehat{P}_\alpha \mid \psi\rangle$. Die so definierten reellen Werte p_α erfüllen alle Axiome der Wahrscheinlichkeitstheorie.

Ein ähnliches Schema gilt auch für Quantenhistorien. Jeder mögliche zeitliche Ablauf von Ereignissen wird quanten-mechanisch durch Projektionsoperatoren $\{\widehat{P}_{\alpha_k}(t_k)\}$ zu den Zeitpunkten $t_1, t_2, ..., t_n$ theoretisch beschrieben. Das Produkt $\widehat{C}_\alpha = \widehat{P}_{\alpha_n}(t_n)...\widehat{P}_{\alpha_1}(t_1)$, das einer Quantenhistorie zugeordnet wird, ist selbst wieder ein Projektionsoperator im Hilbertraum der Historien, wenn alle Bestandteile der Kette miteinander kommutieren. Das ist allerdings in der Quantenmechanik nicht immer der Fall.

Wir betrachten zunächst eine Gesamtheit von Historien, deren zugeordnete Liste von Klassenoperatoren $\widehat{C}_\alpha$ vollständig ist: $\sum_\alpha \widehat{C}_\alpha = \widehat{I}$. Ausgehend von einem quanten-mechanischen Anfangszustand $\mid \psi\rangle$ werden den individuellen Historien α Zustandsvektoren vermittels der Gleichung $\mid \psi_\alpha\rangle = \widehat{C}_\alpha \mid \psi\rangle$ zugeordnet, aus deren Normen die Wahrscheinlichkeiten p_α für exakt dekohärente alternative Historien $\{\widehat{C}_\alpha\}$ berechnet werden: $p_\alpha = \| \widehat{C}_\alpha \mid \psi\rangle \|^2 = \langle\psi \mid \widehat{C}_\alpha^\dagger \widehat{C}_\alpha \mid \psi\rangle$. Exakte Dekohärenz bedeutet, dass die Interferenzterme zwischen den Zustandsvektoren der Historien verschwinden: $\langle\psi \mid \widehat{C}_\beta^\dagger \widehat{C}_\alpha \mid \psi\rangle = 0$ sobald $\alpha \neq \beta$. Auch diese Werte p_α erfüllen alle Regeln der Wahrscheinlichkeitstheorie. Insbesondere liegen sie zwischen 0 und 1. Ist speziell auch $\widehat{C}_\alpha$ (das Produkt von Projektionsoperatoren) selbst ein Projektionsoperator, so vereinfacht sich die Formel für die Wahrscheinlichkeiten wie folgt: $p_\alpha = \langle\psi \mid \widehat{C}_\alpha \mid \psi\rangle$. Für vollständige Bündel von dekohärenten Historien gilt demzufolge ein falsifizierbares Quantengesetz, das vorschreibt, mit welcher Wahrscheinlichkeit p_α sich eine gegebene Quantenhistorie $\widehat{C}_\alpha \mid \psi\rangle$ „realisieren“ könnte. Da es, wie Physiker der alten Schule annahmen, immer nur eine einzige, ausgesuchte Abfolge von Ereignissen geben kann, wurden Ausschlusskriterien gesucht. Sie sollen das ganze „Kartenhaus“ des nur Möglichen zum Einsturz bringen, so dass nur eine einzige „Karte“ – das „Faktische“ – stehen bleibt. Man fand Hinweise (Dekohärenz), aber keine befriedigende, abschließende Lösung des Faktifizierungsproblems. Grundsätzlich basiert stattdessen die quanten-mechanische Naturanschauung auf drei Prinzipien: 1) Physikalische Objekte und deren Eigenschaften werden durch Zustände in einem geeignete Hilbertraum repräsentiert. 2) Quantengesetze generieren lediglich Wahrscheinlichkeitswerte. 3) Eine einzige erschöpfende Beschreibung eines physikalischen Systems oder eines physikalischen Prozesses gibt es nicht. Immer sind zahlreiche kompatible und inkompatible „Standpunkte“ zugelassen, welche dieselbe „Sache“ „richtig“ beschreiben und welche alle gleichberechtigt sind. Das Quantenbild ist erst vollständig, wenn alle miteinander verträglichen und miteinander unverträglichen Beschreibungsmöglichkeiten versammelt sind.

Ein Blick auf die logischen Grundlagen der konsistenten Quantentheorie ist lehrreich und anregend, weil er zur „klassischen“ Quantenlogik[58] neue, philosophisch gewichtige Ideen hinzufügt. Eine einfache Überlegung skizziert die Gedankenrichtung. Historiker interessieren sich für längst vergangene Begebenheiten, beispielsweise für diese: Im Jahr 1821, am 6. April in der Zeit von 12 bis 13 Uhr, wurde in Wolfenbüttel, im Amtszimmer des Ratsherren ein Pachtvertrag unterschrieben. Zu Recht wird behauptet, dass diese Aussage entweder wahr oder falsch ist, unabhängig davon, ob Indizien gefunden oder Beweisstücke vorgelegt werden. Andere Ereignisse früher und später, dort und woanders komplettieren die eine, einzigartige Geschichte in dieser Region.

Quantenhistorien haben einen gänzlich anderen Charakter. Um über die Wahrheit beziehungsweise Unwahrheit der Überlieferung einer Begebenheit überhaupt befinden zu können, müssen mehrere Voraussetzungen erfüllt sein. Zuallererst muss das fragliche „Ereignis“ Teil einer Historie sein, die einem vollständigen, konsistenten Bündel angehört. Verhielte es sich anders, wäre das „Ereignis“ „eingeschmolzen“ in verschränkten Historien, so wäre die Behauptung „so und nicht anders hat es sich zugetragen“ nicht einmal falsch, sondern Nonsense. Dabei bestimmt auch der Grad der Grobkörnigkeit, ob Bündel von Historien kompatibel sind oder nicht. Diese Voraussetzung, die den Weg zur „Wahrheitsfindung“ überhaupt erst ebnet, verlangt das *Umfeld* mit einzubeziehen bei der Beurteilung des „Wahrheitswertes“ einer Behauptung. „Wahrheit“ ist in der Quantenphysik danach immer vom *Kontext* abhängig. Passt auf dieser Ebene einmal alles zusammen, ist der geeignete Kontext (ein vollständiges Bündel konsistenter Historien) gefunden, dann hat sich der „Quantennebel“ noch immer nicht ganz verzogen. Vielmehr ist nun lediglich bekannt, dass sich die Historie mit der besagten Begebenheit gemäß eines berechenbaren Gewichts ereignet haben *könnte*. Um letztlich das definitive Einzelresultat aus dem „Dunst“ hervortreten zu lassen, muss das gesamte Universum „mithelfen“, denn auch der „Messknecht“, der nach der Kopenhagener Interpretation alles richtet, gehört mit zum System in einer konsistenten Quantenphysik.[59,60]

[58] G. Birkhoff, J. von Neumann, The logic of quantum mechanics, Annals of Mathematics, **37**, 823 (1936).

[59] P.C. Hohenberg, An introduction to consistent quantum theory, Rev. Mod. Phys. **82**, 2835, (2010).

[60] An dieser Stelle nehmen wir einen Gedanken vorweg (er wird auf Seite 118 wie-

Im Gewand der Topostheorie wurde eine kontextabhängige Quantenlogik längst ausgearbeitet, die den genannten Ansprüchen gerecht wird.[61] Sie fundiert die konsistente Quantenphysik, nach der auch ein Messvorgang eine eigentümliche Quantenhistorie ist. Diese Logik umfasst den Begriff „Inkompatibilität" ebenso wie ein flexibles Wahrheitskriterium, das vom Kontext abhängt. Mit der mathematischen Grundlegung der konsistenten Quantenphysik steht der gesamten klassischen Physik nunmehr eine vollständige Theorie gegenüber, die überhaupt keine Anleihen mehr macht an den alten Paradigmen.

Dass ausgerechnet ein vom Kontext abhängiger, „dehnbarer" Wahrheitsbegriff ins Fundament der strengen Naturwissenschaft eingegossen sein soll, ist irritierend.[62] Verband man doch schon immer strenge Wissenschaft mit strenger, aristotelischer Aussagenlogik, jedenfalls nicht mit einem „Lavieren um den heißen Brei herum", das dem „Empfindsamen" eignet, nicht aber dem „Rechenkünstler". Der in der Tradition der Wissenschaftsgeschichte stehende Forscher hat seinen strengen Wahrheitsbegriff, analysiert, zerlegt und arbeitet heraus, was „falsch" ist an der „Schau" des Künstlers, der nur Kontexte auf verschiedenen Ebenen, aber keine „Wahrheit" kennt. Er ist überzeugt: Auf festem Boden stehe nur, wer seiner „strengen" Logik vertraut. Kein „Epiphänomen" kann sich seiner zergliedernden Analyse entziehen, auch Mentales nicht wie Kommunikation, Intuition, Assoziation oder Gestaltwahrnehmung. Nun kam aber etwas dazwischen: Unerwartet stolperte der Reduktionist ausgerechnet über seine Theorie der toten Dinge. Sie basiert nämlich auf einer „neuen" Logik, die er bei seiner ersten Begegnung mit ihr überhastet als „unlogisch" ausgab, weil sie nicht Aussagen maschinell zerlegt, sondern sie „sinngebend" in Kontexte stellt. Wenn also die neue, quanten-physikalische „Logik der Natur" die Prinzipien unseres gebrechlichen, teils analysierenden, teils synthetisierenden Denkens vorgibt, müssten sich dann die Prioritäten nicht umkehren, weil das geschmähte „ganzheitliche Denken" von der Peripherie aus ins Zentrum

---

der aufgegriffen). Es geht um die Frage, ob in einer genügend groß bemessenen Werkhalle eine Seelen„maschine" – ein Homunkulus – hergestellt werden kann. Die leidenschaftlich bekämpfte Antwort („nie und nimmer"), ist wegen der neuartigen Erkenntnisse der Quantenphysik nunmehr immerhin denkbar.

61 C. Isham, C.J. Butterfield, Topos perspective on the Kochen-Specker Theorem: I. Quantum states as generalized valuations, Int. J. Theor. Phys. **37**, 2669 (1998).

62 Der theoretische Physiker, Hans Jürgen Fischbeck, schlug einen erweiterten, „vertieften" Wahrheitsbegriff vor, der sich auf die Formel bringen lässt: Wahr ist, was dem Leben dient. Wahrheit sei ein lebensbezogener Begriff zur Erfassung der Beziehungswirklichkeit. H.J. Fischbeck, Die Wahrheit und das Leben, Herbert Utz Verlag, München, 2005.

verlegt werden müsste?

Unser Gehirn kann beides – analysieren und synthetisieren. Während in aller Regel die linke Hirnhälfte Aussagen nach logischen Prinzipien wendet und immer wieder wendet, drängt die rechte Hemisphäre zum „Höhenflug“, zum integrativen Gesamtbild, indem sie alles in einen Kontext stellt und von der Pedanterie der Syllogismen nichts wissen will. Die „Leichtigkeit“, Wahrheit zu „schauen“, analysiert der strenge Naturforscher der alten Schule und katalogisiert sie unter der Rubrik „Belanglosigkeiten“ ein. Dass umgekehrt er sich rechtfertigen müsse, weil nicht sukzessive Gedankenschritte zu “Gott führen“, sondern nur die Schau des Einen im „Seelenfünklein“, widerspricht allem, was er je erfuhr.

Ein Überläufer von der „klaren“ zur „dunklen“ Naturwissenschaft war der theoretische Physiker und Mathematiker, Chris Clarke. Er argumentierte: Wenn der Naturforscher definitive Aussagen von der Art „hier ereignet sich dieses, dort jenes“ nicht mehr an den Anfang seiner Überlegungen stellen darf, wenn er vielmehr alles in einen Kontext stellen muss, um erst dann zum dehnbaren Wahrheitsbegriff fortzuschreiten, dann sollten „Wahrheitskriterien“ der Reduktionisten (sie appellieren an die linke Hirnhälfte) geläutert werden von Predigern der Ganzheit (sie appellieren an die rechte Hirnhälfte). Clarke wagte, paradox zu fragen: „Gibt es eine ‚Logik‘ der ‚Unlogik‘“? Angeregt vom Psychotherapeuten, Matte Blanco, gab Chris Clarke dem ganzheitlichen Denken (den Aktivitäten der rechten Hirnhälfte) eine Stimme, die von Logikern verstanden wird.[63] Sein einfaches Modell beschreibt das „höhere“ Denkvermögen auf der Grundlage einer Bilogik, die beides umfasst: die zerlegende Aussagenlogik (symmetrischer Teil, der linken Hirnhälfte zugeordnet) und die synthetisierende Erfassung von Beziehungsstrukturen (asymmetrischer Teil, der rechten Hirnhälfte zugeordnet).[64] Ausgedrückt werden beide mentalen Vorgänge durch unterschiedliche Sprachen und Schlussregeln. Die asymmetrischen Regeln zur Ableitung von

---

63 C. Clarke, On the nature of Bilogic: The Work of Ignacio Matte Blanco, http://www.scispirit.com/matteblanco6.pdf.

64 Hans-Peter Dürr illustrierte die mentale Funktion des asymmetrischen Teils folgendermaßen: „Der Buchstabe innerhalb eines Gedichts ist nicht einfach ein Buchstabe [der „wahr“ oder „falsch“ sein kann], sondern er ist eigentlich nur ein Hinweis auf einen größeren Zusammenhang ... Bedeutung ist keine objektive Eigenschaft des Gedichts, es ist eine Qualität der Beziehung von mir zu ihm. Wir müssen zusammenfinden, erst dann entspringt dem Gedicht Bedeutung.“ H.P. Dürr, R. Panikkar, Liebe Urquell des Kosmos, Herder, Freiburg Basel Wien, 2008, S. 34.

neuen Theoremen ähneln eher der Dynamik in nichtlinearen Systemen als der Entfaltung einer in Axiomen ewig beschlossenen Wahrheit. Wie durch den Balken im Gehirn sind auch in der Bilogik vermittelnde Operationen zwischen den beiden „Hemisphären“ der Logik vorgesehen. Dabei entzieht sich der asymmetrische Logikanteil in der Bilogik einer strengen mengentheoretischen Darstellung, weil in ihm alle Untermengen einer Menge mit der Menge selbst äquivalent sind, was in der konventionellen Mengenlehre nicht durchgängig der Fall ist. Was hier auf dem Gebiet der Logik von Chris Clarke vorgeschlagen wurde, orientiert sich an den Unterschieden zwischen der Physik Newtons und der Quantenmechanik ebenso wie an den Unterschieden zwischen dem analytischen und synthetischen Denken (der linken bzw. rechten Hirnhälfte).

Die „Logik der Natur“ und die „Logik des Denkens“ geraten durch Überlegungen dieser Art in den Strudel der Vergleichbarkeit. Dabei strahlt nunmehr das Licht des eher „gefühlsmäßigen, intuitiven Denkens“, dass bislang unter dem Scheffel stand, in leuchtenden Farben. Es sind nämlich gerade Logiken, in denen eine Abhängigkeit des Wahrheitswertes vom Kontext implementiert ist, die offenbar geeignet sind zur „Modellierung“ des Rationalen. Chris Clarke ging sogar soweit, der „Logik des Herzens“ den Führungsanspruch zuzugestehen. Er stimmte den Weisheitslehrern aller Zeiten zu, die der „Meditation“ tiefere Einsichten zutrauten als dem diskursiven Denken.[65] Christen übertrafen sich gegenseitig darin, die „Logik des Herzens“ enthusiastisch in den allerhöchsten Himmel zu heben. Weil Adam den Apfel vom Baume der Erkenntnis aß und sich damit in eine vergängliche „Zählmaschine“ verwandelte, verlor er das Paradies – verlor er die Heilsgewissheit, als Teil des Ganzen das Ganze zu sein.

Ein Rätsel bleibt ungelöst, das die neue Naturphilosophie und die menschliche Vernunft als göttliches Gnadengeschenk gleichermaßen betrifft. Während nämlich die Quantentheorie mit ihren Gesetzen in der vagen Ordnung des Cusanus'schen „Sein-könnens“ verbleibt, drängt sich der wahrscheinlichste „Gang der Dinge“ dermaßen allen Beobachtern auf, dass Quantenunsicherheiten nicht mehr sichtbar sind.

[65] „Die neue Physik stellt letztlich fest: Es gibt einen ganz anderen Zusammenhang als dieses Hin und Her der energetischen Wechselwirkung. Nun komme ich in eine Welt, wo Subjekt und Objekt nicht nur unzertrennlich werden, sondern dabei in einem gewissen Maße ihre jeweilige Identität einbüßen. Und in dieser Situation versagt einfach unsere gewohnte wissenschaftliche Sprache.“ Ebenda S. 136.

Die Quantenphysik selbst gibt keinen Hinweis darauf, warum sich alles in unserer Umgebung auf den „Gratwanderwegen“ einer schroffen Potentialitätslandschaft abspielt, warum Wirklichkeit und Möglichkeit augenscheinlich im strengen Gegensatz zueinander stehen (vergleiche Seite 47).

Dass dieses fundamentale Verständnisproblem trotz respektabler Fortschritte in der Grundlagenforschung bestehen bleibt, ist der ansonsten grandiosen Quantentheorie anzulasten. Früh, doch übereilt, ersannen die Gründungsväter des neuen naturphilosophischen Denkens Abhilfe. Sie fanden einen Konsens, das Interpretationsproblem der Quantenphysik betreffend, den die Kopenhagener Schule verbreitete und dem wohl die meisten Physiker bis heute zustimmen.[66] Dabei ist die Grundidee genauso naheliegend wie problematisch: Ohne Messinstrumente und Messvorschriften, die Messgrößen überhaupt erst namhaft machen, fehlte den Physikern das Vokabular, mit dem sie eine Ordnung ins Cha-

[66] Niels Bohr verstand es, der Kopenhagener Interpretation der Quantenmechanik weltweit Gehör zu verschaffen. Seiner Meinung nach sei es unzulässig, zwischen dem Quantenformalismus und dem Realitätsbegriff irgendwelche Verbindungslinien zu ziehen. Nach Bohr gebe es keine „Quantenwelt“, wohl aber eine abstrakte quanten-mechanische *Beschreibung* der Wirklichkeit. Die Schrödinger'sche Wellenfunktion sei lediglich ein rechentechnisches *Hilfsmittel* zur Vorhersage von Messergebnissen. Einen Bezug zur „Realität“ habe die Wellenfunktion nicht. Der logische Positivismus klingt hier an, wonach alle Aussagen über nicht beobachtbare Vorgänge unwissenschaftlich seien. Was der Theoretiker in der quanten-mechanischen Unterwelt zwischen Messungen nachverfolgt, gestatte keine Rückschlüsse auf die „Beschaffenheit des Seins im Leerlauf“. Nach der Kopenhagener Deutung sei die Unvereinbarkeit der klassischen Physik der Makroobjekte mit der Quantenphysik der Mikroobjekte zementiert, denn was ontologisch maßgebend ist – die Messung – könne quanten-physikalisch nicht dargestellt werden. Wegen der schier uneingeschränkten Gültigkeit der Quantengesetze ist die Kopenhagener Position allerdings widersprüchlich: einerseits wird der klassischen Naturlehre das Primat zugesprochen, weil Messgrößen, die das begriffliche Gerüst der Physik bilden, von Ausnahmen abgesehen, nur vermittels von makroskopischen Messobjekten (von klassischen Messgeräten) ermittelt werden können, andererseits aber hat die Quantenphysik den Vorrang, da die klassische Physik in ihr als ein Spezialfall (mean-field Näherung) enthalten ist. (Der Nobelpreisträger für Physik, Murray Gell-Mann, schrieb: „Die ursprüngliche Interpretation der Quantenmechanik, die sich auf Serien gleicher Experimente, die außenstehende Beobachter durchführen, beschränkte, ist viel zu speziell, als daß sie heute als die fundamentale Beschreibung anerkannt werden könnte – zumal immer deutlicher geworden ist, daß die Quantenmechanik für das gesamte Universum gelten muß.“ (M. Gell-Mann, Das Quark und der Jaguar, Piper, München, Zürich, 1995, S. 207.)). Angesicht der Universalität der Quantenphysik – ihr Anwendungsgebiet erstreckt sich vom subatomaren Bereich bis hin zur Kosmologie – vermuten wir (der Mehrheitsmeinung frech widersprechend): die Quantenwelt ist ebenso „real“ wie irgendein Messgerät.

os der Erscheinungen bringen könnten. Also ist der Messknecht mit seinem Messfühler unverzichtbar. Erst wenn er sein Instrument auspackt und einschaltet, kollabieren all die superponierten Möglichkeiten und zeigen plötzlich ein greifbares „Ding“. Wie erklärt aber ein so argumentierender Positivist das Dasein der „Dinge“, wenn der Experimentator seinen Auftritt verschläft, oder wenn er, schlimmer noch, selbst zum Quantenregime hinzugerechnet werden muss? Wir erkennen die Schwachstelle. Werden unaufmerksame Beobachter zugelassen, steht vor den Bohr'schen Mitstreitern ein unlösbares Problem, nämlich zu klären, wie Aktualität aus Potentialität „entsteht“? Die beiden Gegenpole – es „könnte sein“ und „es ist“ – müssten sie miteinander vereinen können. Auch der Gegensatz zwischen der Quanten-Ganzheit und der quasi-klassischen Vielheit müsste geglättet werden können. Wie kann zusammenpassen, was einerseits die Einheit nicht und was andererseits die Vielheit nicht kennt?[67] Man fand einen Mittler, der zwar behilflich ist, aber die erhoffte endgültige Lösung nicht brachte. Wenn das nebulöse Quantenregime des „es könnte sein“ an ein „Wärmebad“ (an eine Umgebung) ankoppelt, vermindert sich die Unkenntnis des „wo“ und „wohin“ bereits erheblich (Mechanismus der *Dekohärenz*). Die Störungen durch das Umfeld verursachen also nicht Chaos, sondern zwingen ordnungsgebietend die Dichtematrix diagonal zu sein in einer Basis, die den klassischen Zuständen eines makroskopischen Systems „genehm“ sind.[68] Wenn aber der Blick sich auf das ganze Universum richtet, dann ist das Dekohärenzargument neu einzuordnen, denn eine Umgebung gibt es für das Ganze nicht. Ferner ist zu beachten: Setzt ein homogener Anfangszustand alles in Bewegung, dann kann auch ein globaler Dekohärenzmechanismus den Quantencharakter der Welt nicht in eine quasi-klassische Richtung drängen. Ein homogenes Universum bleibt homogen, wenn ein äußerer Beobachter nicht zugelassen wird. Der Hamiltonoperator des Systems „Universum“ kommutiert nämlich

[67] In der Quantenwelt sind Ganzheiten ohne Teile (Verschränkungen) allgegenwärtig. Im klassischen (mechanisch-materialistischen) Weltbild ist hingegen alles eine Zusammensetzung bestehend aus kleinsten Teilen – alle Gesamtheiten sind lediglich äußerlich, eigentlich nicht existent. Und weiter: Die Quantenwelt ist nichtlokal – diese Behauptung stützen einschlägige Experimente zum Bell'schen Theorem. Hingegen kann die klassische Physik nicht ohne das Lokalisationsprinzip auskommen – jedes kontrollierte Experiment ist ein lokales Ereignis. Verschränkte, nichtlokale Zustände sind nicht messbar.

[68] Die durch den Dekohärenzmechanismus bevorzugte Basis $\mid \varphi_n\rangle$ hat folgende Eigenschaft: In sehr gute Näherung kann ein Operator $\widehat{O}$ (eine Observable), für den immer gilt $\widehat{O} = \sum_{m,n} \mid \varphi_m\rangle\langle\varphi_m \mid \widehat{O} \mid \varphi_n\rangle\langle\varphi_n \mid$, ersetzt werden durch die Summe der Diagonalterme: $\widehat{O'} = \sum_n \mid \varphi_n\rangle\langle\varphi_n \mid \widehat{O} \mid \varphi_n\rangle\langle\varphi_n \mid$.

mit der räumlichen Symmetriegruppe, weswegen der Quantenzustand während seiner gesamten Schrödinger'schen Zeitentwicklung seine Homogenität nicht verliert, so dass nichts die Aufgabe übernehmen kann, Strukturen zu bilden. Ein weiteres Argument ist noch gewichtiger. Obwohl der Mechanismus der Dekohärenz bereits andeutet, warum wir fast ausschließlich von quasi-klassischen Zuständen umgeben sind, bleibt eine Erklärungslücke: Eine Vielzahl von nicht-klassischen Welten, in denen mit Sicherheit kein Leben entstehen kann, sind mit derselben Priorität im Dekohärenzschema aufgeführt wie unsere quasi-klassische Lebenswelt. Kein Theorem der Dekohärenztheorie verbietet die „Existenz" der vielen anderen quanten-mechanischen „Wunderwelten", die definitiv lebensfeindlich sind.[69] Warum der Kosmos also quasi-klassisch und mancherorts sogar lebensfreundlich verfasst ist, bleibt einstweilen ein fundamentales, ungelöstes Problem der Quantenphysik.

Verweilen wir noch beim Interpretationsproblem der Quantenphysik, da es für die Beantwortung der Frage nach dem Wesen der Seele von großer Bedeutung ist. Nach der Kopenhagener Interpretation ist ein externer Beobachter unverzichtbar, da nur er die fortlaufende Superposition von Quantenmöglichkeiten (also den fiktiven, reinen „Gedankenaustausch" der Quantenzustände) zum „Kollabieren" zwingen und somit „Wirklichkeit" hervorbringen kann. Ohne den Messprozess, der als fremde Zugabe die Quantentheorie angeblich erst vervollständigt, bliebe nach der Kopenhagener Standardinterpretation der Quantentheorie eine Erklärungslücke, nämlich aufzuzeigen, wie quanten-mechanische Möglichkeiten (das „Fiktive") in reale Wirklichkeit (das Greifbare) umschlagen.

Dass die Dekohärenztheorie diese Lücke nur teilweise füllt, heben wir iterativ noch einmal hervor. Wird die Ankopplung an eine Umgebung mit vielen Freiheitsgraden berücksichtigt, dann entsteht umgehend aus einem statistischen Ensemble von gleichartigen makroskopischen Systemen mit zugehörigen mikroskopischen Quantenzuständen ein neues Ensemble, das durch eine Dichtematrix beschrieben wird, die in einer Basis diagonal ist, welche die klassischen Zustände des Makrosystems adap-

[69] Dieser Mangel der Quantenphysik muss ausdrücklich hervorgehoben werden: ... „persistent quasi-classicality is such a basic feature of our experience, and failure to predict it leaves such a significant gap in our understanding of the world, that we feel that some argument, or some new interpretation, or some new formalism, that would amend the situation should be sought." F. Dowker, A. Kent, On the Consistent Histories Approach to Quantum Mechanics, arXiv gr-gc/9412067 (1996).

tiert. Damit nähert sich das Quantengeschehen den quasi-klassischen Verhältnissen in der Welt der Dinge an, ohne allerdings auch noch den letzten Schritt zu gehen. Mittels des Dekohärenzmechanismus kann nämlich nicht erklärt werden, wie und warum aus quanten-mechanischen Möglichkeiten ein einzelner, konkreter, klassischer Zustand hervorgeht. Die Fragestellung des verbleibenden fundamentalen Problems illustriert die Abbildung 0.4.9, in der die zwei Schritte der „Ausreduktion" der Dekohärenzmatrix angedeutet sind. Dekohärenz überführt im ersten

Decoherence

$$\begin{pmatrix} z_{11} & z_{12} \\ z_{21} & z_{22} \end{pmatrix} \longrightarrow \begin{pmatrix} p_1 & 0 \\ 0 & p_2 \end{pmatrix} \longrightarrow \begin{pmatrix} 1 & 0 \\ 0 & 0 \end{pmatrix}$$

Measurement

Abbildung 0.4.9:
Transformation einer einfachen 2x2 Dekohärenzmatrix infolge des Dekohärenz-Mechanismus und einer anschließenden Messung, die ein Experimentator durchführt. Es gilt: $p_1 + p_2 = 1$, $0 \leq p_1, p_2 \leq 1$.

Schritt den verschränkten Quantenzustand in eine konsistente Gesamtheit, bestehend aus „Teilen". Die Elemente p_1 und p_2 der Diagonalmatrix haben die Bedeutung von Wahrscheinlichkeitswerten ($p_1 + p_2 = 1$, $0 \leq p_1, p_2 \leq 1$). Im zweiten Schritt wird die verbleibende Willkür – es könnte der Zustand 1 oder 2 „realisiert" werden – gebannt. Nur ein Subjekt, das genau hinschaut, wringt aus dem „feuchten Tuch" der dekohärenten Quantenpotentialitäten den einen Tropfen heraus, das kontingente „Individuum". Der theoretische Physiker, Mark Tegmark, wies darauf hin, dass durch den von „Subjekten" endgültig herbeigeführten „Kollaps der Wellenfunktion" die Entropie nicht wächst, sondern fällt.[70] Was dieser Ausflug in die spekulative Naturphilosophie verdeutlicht, ist dies: Ein zusätzliches Auswahlkriterium muss der Dekohärenztheorie an die Seite gestellt werden, um die wahrnehmbare Erscheinungswelt vollständig in das Bild der „reinen Quantenwelt" integrieren zu können.

Ist also die Schrödinger'sche-Heisenberg'sche Quantenmechanik unvollständig, weil dieses Kriterium von außen hinzutreten muss, oder ist die Theorie bereits vollständig, ohne dass die Physiker es bislang bemerk-

[70] M. Tegmark, How unitary cosmology generalizes thermodynamics and solves the inflationary entropy problem, arXiv: 1108.3080 [hep-th], 2011.

ten? Die Bandbreite der Lösungsansätze ist ähnlich groß wie jene der Evolutionstheorien für Lebewesen. Sie liegt zwischen zwei Extremen: a) alles wird dem Zufall zugeschrieben, b) alles ist der selbstkonsistenten Ganzheit geschuldet.[71] Die zu beantwortende fundamentale Frage lautet also: Warum verschwindet auf der Ebene der Makroobjekte die Quantenvielfalt scheinbar vollständig? Damit im Zusammenhang steht eine andere grundlegende Frage: Warum erkennen manche makroskopischen „Dinge" (Forscher) selbst Gesetzmäßigkeiten, die ausschließlich nur für die Mikroebene (die „Quantenwelt") gelten, auf der sich die erkennenden und selbst-erkennenden „Materieklumpen" nicht „heimisch fühlen" können?

Materialisten nennen Wahrnehmungen, Empfindungen, Bewusstsein und Selbstbewusstsein epiphänomenal. So wie gewisse Stoffkreisläufe Muskelzucken verursachen, rufen andere Umschichtungen von Substanzen Missmut oder Zufriedenheit hervor. Nach dieser Auffassung ist nur das in Teile zerlegbare, nur das quasi-klassische „real" und das intelligible an sich, die quanten-physikalische Ganzheit lediglich ein „Gedanke". Diese Naturauffassung ist definitiv überholt. Die alte Physik zeigt nur die Oberfläche, nicht aber das „metaphysische Wesen" der Wirklichkeit. Nicht länger steht das wahrnehmbare, greifbare Ding Pate bei der Fundierung der neuen Naturlehre, vielmehr die scheinbar flüchtigen, dennoch richtigen Ideen. Kosmologische Quantenmodelle sind letztlich also nur stimmig, wenn sie einerseits diese idealistische Position zum Ausdruck bringen, andererseits dennoch den alltäglichen Erfahrungen nicht widersprechen, dass die Welt wahrnehmbar, beobachtbar und greifbar ist.[72] Letzteres, nämlich die Teilbarkeit und die Allgegenwart von „Dingen", ist ein besonders untypisches, ja geradezu exotisches Merkmal eines Quantensystems. Unsere besonders „ausgesuchte" Quantenwelt hat die bemerkenswerte Besonderheit, dass über sie und in ihr gesprochen werden kann. Dieses Sprechen folgt

[71] Selbstkonsistent bestimmt bedeutet nicht ursächlich bestimmt. Wir geben ein Beispiel: Das elektrische Potential einer Ladungsverteilung berechnet sich aus der Ladungsdichte, die sich aber selbst erst aus dem Potential ergibt.

[72] Quantensysteme sind in der Regel unzertrennliche Beziehungsgeflechte. Quasiklassische Produktzustände (ein „Teil" des Zustands ist „hier", ein anderer „dort") sind rar. Es gilt das Theorem: $\mathcal{H}$ bezeichne einen endlich-dimensionalen Hilbertraum, dann hat die Menge der separierbaren Zustände im Produktraum (quasi-klassische Zweiteilchenzustände) $\mathcal{H} \otimes \mathcal{H}$ das Maß Null. Im gesamten Hilbertraum sind Produktzustände also nur spärlich verteilt. Das quasi-klassische Regime ist in der originären „Quantenwelt" eine sehr seltene Ausnahmeerscheinung.

keinem holistischen Quantenschema, vielmehr verwendet es Begriffsbausteine, um sie geeignet aneinander zu reihen und sich so auf einer vorgegebenen Hierarchie von Wesenheiten schrittweise emporzuarbeiten. Ausschau halten müssen wir also nach einer konsistenten Beschreibung des ganzen Universums, das grundsätzlich auch die quantenphysikalisch völlig untypische Eigenschaft hat, wahrgenommen werden zu können und selbst wahrzunehmen. Die Frage, warum unsere Welt quasi-klassisch verfasst ist, kann von der gleichberechtigten Frage nicht getrennt werden, warum sie wahrnehmbar ist und insbesondere, warum in ihr wahrgenommen wird. Wegen der quasi-klassischen Beschaffenheit der Wirklichkeit ist das Seinsproblem vom *Bewusstseinsproblem* nicht zu trennen. Diesen Fragen darf der Quantenkosmologe nicht ausweichen: Warum gibt es überhaupt diese Hierarchie der Teilbarkeiten, die quanten-physikalisch untypisch ist, ... warum ist die Welt wahrnehmbar und warum nimmt sie sich selbst wahr in verzwickt angeordneten Zellhaufen?[73]

Wegen der engen Beziehung zwischen dem „Seins-“ und dem „Bewusstseinsproblem“ folgt aus Sicht der Quantenphysik die tiefe Bedeutung der Frage nach dem Wesen des „Seelischen“ (nach dem Wesen der „Widerspieglung“ der quanten-physikalisch aufzufassenden „objektiven Realität“ durch sich selbst). Zusammen mit anderen Überlegungen[74]

[73] An Gewicht gewinnt dieses Problem wegen der anthropischen Struktur des Weltalls. Alle Konstanten der vier fundamentalen Wechselwirkungen, alle Ladungen und Massen der elementaren Teilchen scheinen sich miteinander „abgesprochen“ zu haben, ihre Werte in engen Grenzen so abzustimmen, dass Leben, wie wir es kennen (auf Kohlenstoff basierend), überhaupt möglich ist. Über das dazu erforderliche extreme Ausmaß der Feinabstimmung aller Naturkonstanten wundern sich Physiker und Philosophen gleichermaßen. Die lange Liste der Feinabstimmungen von Anfangswerten und Naturkonstanten weist auf die fundamentale Bedeutung des Lebens im Kosmos hin. Sich von den naturphilosophischen Implikationen der austarierten Lebensdienlichkeit des Kosmos abzuwenden, weil die Koinzidenz dem Zufall zugeschrieben wird, „löst“ das anthropische Problem vorschnell und unbefriedigend.

[74] Nach der Consistent History Interpretation der Quantenmechanik werden feinkörnige von grobkörnigen Geschichten unterschieden. Vollkommen feinkörnig ist eine Historie, wenn sie das Universum in jedem beliebigen Zustand so vollständig wie möglich abbildet. Diese detailliert aufgezeichneten quantenmechanischen Abläufe interferieren in der Regel miteinander, so dass ihnen keine Wahrscheinlichkeitstabelle zugeordnet werden kann – sie sind maximal nichtklassisch. Wird die Informationsfülle der Produktzustände immer mehr beschnitten, entstehen grobkörnige Verlaufsgeschichten, die immer besser dekohärieren (d.h. die Interferenzterme können in immer besserer Näherung vernachlässigt werden) und denen immer genauer Wahrscheinlichkeitswerte zugewiesen werden

dienen Aussagen der Dekohärenztheorie dem Ziel, die quasi-klassische und damit wahrnehmbare Erscheinungsweise der Wirklichkeit quantenmechanisch zu verstehen. Auf derselben Stufe steht die Forderung, auch das Seelische selbst quanten-physikalisch zu fundieren und ihr nicht auszuweichen durch die Etikettierung „epiphänomenal". Im Gegensatz zur klassischen (mechanisch-materialistischen) Naturlehre ist nämlich gemäß der Quantenontologie das „Geistig-Seelische" (das „nur" Potentielle) dem Umfeld der theoretischen Grundlagen näher gelegen als das rein Stoffliche. Es ist daher angezeigt, das prinzipielle kosmologische Problem zu erkennen und nach der Herkunft von Wahrnehmungen sowie von Vernunft und Bewusstsein zu suchen.

Zusätzlich zur strukturbildenden Tendenz in Systemen mit vielen Freiheitsgraden (Dekohärenz) sollte ein weiterer Auswahlmechanismus wirksam sein, der aus quanten-kosmologischer Sicht zwar einen „objektiven" Ursprung hat, sich aber als „Subjektivität" manifestiert. Wir vermuten, dass dieses zweite Auswahlkriterium weder streng deterministisch noch streng probabilistisch ist, sondern dass es aus einem, beiden Gesetzestypen vorgelagerten Bereich stammt. Diese „Auswahl" von Quantenhistorien durch „omnipräsente" „Subjektivität" geht vermutlich auf einen Wirklichkeitsbereich zurück, der durch Symmetrien der Dekohärenzmatrix beschreibbar ist, die keine exakten Wahrscheinlichkeitsaussagen zulassen, diese aber gewissermaßen „vorbereiten".[75] Gemäß dieser Hypothese ist das quasi-klassische Erscheinungsbild der Welt Folge der Eingrenzung aller möglichen quanten-mechanischen Historien durch zwei Auswahlmechanismen: Die erste, entscheidende Auswahl verleiht jenen verschränkten Historien „Gewicht", die wegen ihrer

---

können. Der quasi-klassische Bereich ist ausgezeichnet durch ein hohes Maß an Grobkörnigkeit. Dass er sich fast überall durchsetzt, kann durch die Anfangsbedingungen der kosmischen Entwicklung mitverursacht sein.

[75] Auf Seite 65 wurde angegeben, wie Wahrscheinlichkeitswerte p_α für exakt dekohärente, alternative Historien $\{\widehat{C}_\alpha\}$ quanten-mechanisch berechnet werden: $p_\alpha = \langle\psi \mid \widehat{C}_\alpha \mid \psi\rangle$. Nicht-dekohärente Historien, die eventuell das Auftreten der allgegenwärtigen quasi-klassischen Zustände „vorbereiten", könnte ein „verallgemeinertes Ordnungsmaß" auswählen. Zur Illustration dieser Idee geben wir quasi-Wahrscheinlichkeiten $\widetilde{p}_\alpha$ für verschränkte Historien an, die gemäß der Formel $\widetilde{p}_\alpha = \mathrm{Re}\langle\psi \mid \widehat{C}_\alpha \mid \psi\rangle$ berechnet werden. Diese reellen Zahlen erfüllen nur die Regeln: $\sum_\alpha \widetilde{p}_\alpha = 1$ und $\widetilde{p}_{\alpha'} = \sum_{\alpha\in\alpha'} \widetilde{p}_\alpha$, die für Wahrscheinlichkeitswerte gelten müssen, wobei $\widehat{C}'_{\alpha'}$ eine grobkörnige Gesamtheit von $\widehat{C}_\alpha$ ist. Die reellen Zahlen $\widetilde{p}_\alpha$ sind lediglich deshalb quasi-ordnende Indikatoren, weil nicht alle Werte von ihnen zwischen Null und Eins liegen, wie es die Axiome der Wahrscheinlichkeitstheorie fordern. An „Behelfskriterien" dieser Art können „Quantenphilosophen" denken, wenn sie nach dem Fundament suchen, auf dem eine Theorie des rätselhaften Phänomens „Selbstbewusstsein" errichtet werden kann.

„Affinität“ zum Wahrnehmbaren ausgezeichnet sind. Diese abgrenzbare Menge von Quantenhistorien hat zwar ihre spezifischen Eigenschaften, doch wird sie weder durch deterministische Gesetzmäßigkeiten noch durch Wahrscheinlichkeitsaussagen geordnet. Ohne diese Präkonfiguration im „Hintergrund“, ohne diese Korrelationen im Vorfeld statistischer Gesetzmäßigkeiten gäbe es, so vermuten wir, kein quasi-klassisches Universum und keine „Dinge“, die sich darin „auskennen“ können. Die zweite Auswahl durch Dekohärenz bündelt diese prä-konfigurierte Gesamtheit, gestaltet sie auf eine Weise um, dass ihr eine definitive Wahrscheinlichkeitstabelle zugewiesen werden kann. Subjektivität in einer wahrnehmbaren Welt wäre danach deshalb fundamental, weil sie zurückgeht auf einen zwar nicht-deterministischen, aber spezifischen quanten-physikalischen Auswahlmechanismus. In diesem, durch Symmetrien der Dekohärenzmatrix ausgezeichneten Netzwerk von Quantenhistorien gilt eine interne „Logik“, befindet sich die Quelle dessen, was der Begriff „Bedeutung“ von Informationen andeutet. Diese spezifischen Quantenhistorien, welche „Geist“ erst ermöglichen, bilden nach Don Page gleichzeitig jene Vorauswahl von Zuständen, die im Zuge des Dekohärenzmechanismus die quasi-klassische Erscheinungsweise der Welt hervorbringt. Die real vorhandenen psychischen Erscheinungen (Wahrnehmung, Vernunft, Selbstbewusstsein) wären danach tief im Weltaufbau verankert und signalisierten, dass auf der Quantenebene alle möglichen Zustände einer Vorauswahl unterzogen werden und dass den „aussortierten“ Möglichkeiten gewisse „quasi-Wahrscheinlichkeiten“ zugeschrieben werden können. Statistische Quantengesetze, strenge Wahrscheinlichkeitsangaben für quasi-klassische Zustände leiteten sich aus dieser Vorauswahl erst infolge des Dekohärenzmechanismus ab. Die intrinsische Bevorzugung von gewissen „Subjektaffinen“ Quantenhistorien steckt das „Spielfeld“ ab, auf dem es wegen der Dekohärenz, von Ausnahmen abgesehen (makroskopische Quantenphänomene), quasi-klassisch zugeht. Die erste Behauptung ist spekulativ und wage, die zweite hingegen theoretisch und experimentell gut bestätigt.

Dem Anspruch dienend sowohl das „quanten-Fremde“ als auch das „quanten-Gemäße“ (das geistartige Regime) in das Schema der Quantenphysik vollständig zu integrieren, gelangte der theoretische Physiker und Mathematiker, Chris Clarke, zum Ergebnis: 1) Was dem Bewusstsein (was den geistartigen Phänomenen der Wirklichkeit) zu Grunde liegt, ist an keiner „objektiven“, „messbaren“ Funktion oder Struktur festzumachen. 2) Es gibt nur eine Erklärung für das Vorhandensein des

Bewusstseinsphänomens: Alle „Substanzen" haben immer zwei Aspekte – Materialität (ausgedehnt, Materie) und Immaterialität (ausdehnungslos, Geist). Dem philosophisch gebildeten, geschichtsbeflissenen Leser kommen diese Behauptungen durchaus bekannt vor.[76]

Insofern sämtliche Grunderkenntnisse der Quantenphysik eine fundamentale Revision alter naturphilosophischer Auffassungen erzwingen, muss auch das Seelenproblem grundlegend neu bedacht werden. Der alte, mechanisch-materialistische Standpunkt, dem sich die bisherigen Forschungsergebnisse und Erfahrungen der Neurobiologen und Psychologen passgerecht und zwanglos einfügen, wird durch folgende Behauptung umstandslos ausgedrückt[77]:

> [Geist, Seele] „ist eine Eigenschaft des Gehirns. Also keine irgendwie freischwebende immaterielle Substanz, sondern ein Merkmal von Lebewesen mit ausgeprägten Zentralnervensystemen beziehungsweise Gehirnen."

Mit Macht drängt sich diese anschauliche, praktikable „Theorie" auf. Das Naheliegende dieser Auffassung wird noch hervorgehoben durch ihre Stimmigkeit und Einfachheit: Im Verlauf der Evolution ordnen chemische Bindungsgesetze in „Komplizenschaft" mit Zufällen komplexe Stoffgemische, mit dem unbeabsichtigten Resultat, auch einmal einen Klumpen zu erzeugen, der nicht nur solche Eigenschaften hat wie Konsistenz, Farbe und Geruch, sondern der auch wahrnehmen, der auch denken kann. Die Seele ist eine *Eigenschaft* „massiv distributiv organisierter" Substanzen (siehe Seite 26: „dessen Dynamik nichtlinear und dessen Zustand nicht zerlegbar ist"); das Seelenleben ist die Erscheinungsform von Bewegungsabläufen des molekularen Gemisches, welches das Nervensystem bildet.

---

[76] Die grundsätzliche Bedeutung des Geistes in der „Realität" priesen neben Descartes viele Philosophen und Theologen. Helmut Kuhn schrieb: „Die Redeweise von der ontologischen Fundiertheit der Vernunft hat eine reichere Bedeutung als die Aussage über das Erkennen als Enthüllen und die Wahrheit als Unverborgenheit erraten läßt. In ihr muß die von dem naiven Realismus übersehene oder verkleinerte Tatsache mitgedacht werden, daß es von einer bestimmten Stufe des Seinsaufbaus an Seiendes gibt, in welchem und durch welches das Seiende sich offenbart als was es ist; und daß diese Tatsache zu den Grundbestimmungen des Seins überhaupt gehört." H. Kuhn, Begegnung mit dem Sein, J.C.B. Mohr Verlag, Tübingen, 1954, S. 63.

[77] Franz M. Wuketits in: Gott, der Mensch und die Wissenschaft, Dürr et al., Pattloch Verlag, Augsburg, 1997, S. 117.

Diesem materialistischen Evolutionsschema steht die Quantenphysik im Weg, weil die elementaren Bausteine, die durch ihr Zusammenwirken erst alles neuronale Geschehen in Gang setzen, die ihnen zugedachte Rolle gar nicht spielen können. Der Quantenphysiker hat erkannt: Die Wirklichkeit kann kein geordneter, auch kein orientierungsloser Tumult von kleinen, „greifbaren Steinchen" sein, eher ist sie reine, ganzheitliche Potentialität, eher ist sie ein „Besprechen von Ideen".[78] Diese quanten-mechanische Präzisierung des Begriffs „elementares Teilchen" (und damit der Begriffe „Atom", „Molekül", „Gase", „Flüssigkeiten", „Festkörper", „Gehirn") kann nicht folgenlos bleiben für das Nachdenken über das Phänomen „Seele" („Geist"). Die unanschauliche quantenmechanische Gegenposition zum mechanisch-materialistischen „Stichwort" formulierte Hans-Peter Dürr so[79]:

> „Das Geistige ist für mich fundamental, und ich gehe sogar so weit zu behaupten, daß es keine Materie gibt, sondern nur Geist."

Mit weitreichenden philosophisch-theologischen Implikationen heißt es plötzlich nicht mehr „Die Steinchen machen die Seele", sondern „Der

[78] Kritikern kommt beim Lesen dieses Satzes das böse Wort „Quantenesoterik" in den Sinn. Können Dinge „verkrustete Information", können sie „geronnene" Potentialität (H.P. Dürr) sein? Ist Wirklichkeit „verdichtete" Möglichkeit? Fragen dieser Art werden solange als absurd abqualifiziert, wie die Begriffe, um die es geht, nicht tiefgründig genug hinterfragt werden. Nichts Geringeres als diesen „Tiefgang" mutet uns die Quantenphysik zu. Verglichen mit der klassischen Physik erhalten nämlich alle physikalischen Begriffe durch das Quantenparadigma eine andere Bedeutung. Formal äußert sich der Unterschied darin, dass nicht mehr reellwertige Messwerte, sondern Operatoren des Hilbertraumes den Ausgangspunkt für die Formulierung von Naturgesetzen bilden. Wegen dieser begrifflichen Vertiefung und der damit verbundenen Umdeutung der gesamten Naturauffassung, sind plötzlich Überlegungen salonfähig, über die man gestern noch den Kopf schüttelte. Photonen, Elektronen, Atome, selbst große Moleküle können als Teilchen, aber auch als Welle im Doppelspaltexperiment in Erscheinung treten – für die klassische Physik ein Unding. Das Vakuum ist nicht länger absolute Leere, sondern der quantenfeld-theoretische Grundzustand, der wirkt, beispielsweise durch Polarisation, durch seine Casimir-Kräfte. Bei hinreichend hohen Energien (im Anfangsstadium der kosmischen Entwicklung oder in subnuklear kleinen Raumbereichen) ist die Unterscheidung zwischen Sein (Teilchen) und Nicht-Sein (Vakuum) hinfällig; die Begriffe „Sein" und „Nicht-Sein" büßen in diesem Energiesektor ihre Gegensätzlichkeit ein. Erst auf dieser vertieften („metaphysischen") begrifflichen Ebene sind Aussagen über das Primat des „Geistes" gegenüber dem „Greifbaren" einzuordnen.

[79] H.P. Dürr in Dürr et al., Gott, der Mensch und die Wissenschaft, Pattloch Verlag, Augsburg 1997, S. 118.

Geist macht die Seele“ (bzw. noch verstörender: „Die Seele macht die Seele“).

Um diesen wichtigen Punkt hervorzuheben und festzuhalten, wird die bisherige Darstellung der Quantenphysik vertieft und abermals erweitert. Ausgangspunkt sind Überlegungen zu einem funktechnischen Gerät – dem Volksempfänger. In einer Verstärkerröhre entweichen Elektronen aus der erhitzten Kathode, bilden dort eine Raumladungsschicht, aus der Ladungsträger in Richtung der vorgespannten Anode abgezogen werden, wobei der Elektronenstrom getriggert wird durch die zu verstärkende Wechselspannung, die sich der negativen Gitterspannung überlagert. Durch den Anschluss eines Schwingkreises gemäß der Rückkopplungsschaltung von Meißner ist bereits der grobe Bauplan des „Propagandainstruments“ skizziert. Die Massenproduktion von Radiogeräten mit Verstärkerröhren „bewies“, dass diese Geräte zuverlässig funktionieren. Elektronen konnten also zur Fabrikation ebenso verwendet werden wie andere Werkstoffe – Zement, Holz oder Eisen. Obwohl der „Baustoff Elektron“ immer dieselbe Qualität hat und sich der Ingenieurskunst zuverlässig beugt, ist sein Nimbus geheimnisvoll, verbirgt sich hinter seinem Namen ein Rätsel. Ja wären Elektronen kleine, elektrisch negativ geladene Körnchen mit einer mechanischen Masse – der philosophierende Funkmechaniker zerbräche sich nicht länger seinen sonst mit Schaltungsplänen beschäftigten Kopf. Doch Elektronen sind keine kleinen Bausteinchen, obwohl man sie häufig so handhaben kann. Sie als „Teilchen“ zu bezeichnen ist jedoch grundsätzlich irreführend.[80] Elektronen haben eine wesentliche, der alten mechanisch-materialistischen Physik prinzipiell unbekannte Eigenschaft, nämlich einen halbzahligen Spin, ausgedrückt durch den Spin-Drehimpulsoperator $\vec{\widehat{S}} = (\hbar/2)\vec{\widehat{\sigma}}$ (mit den Pauli-Matrizen $\vec{\widehat{\sigma}} = (\widehat{\sigma}_x, \widehat{\sigma}_y, \widehat{\sigma}_z)$). Diese nichtklassische Eigenschaft der Elektronen legt ihr statistisches Verhalten fest, bestimmt sie als Fermionen, für die das Pauli-Prinzip gilt: Was auch immer geschieht, keine zwei Elektronen können sich zur selben Zeit im gleichen Zustand befinden – im Gegensatz zum Dogma des naiven Atomismus, dass elementare Teilchen all ihre Eigenschaften stets

[80] In der Quantenfeldtheorie kommt das fremdartige Wesen des Elektrons formal dadurch zum Ausdruck, dass beim Aufbau der Theorie nicht auf komplexwertige Funktionen zurückgegriffen werden darf, sondern auf Grassmann Variable $\widehat{a}$, $\widehat{b}$, die antikommutieren ($\widehat{a}\widehat{b} = -\widehat{b}\widehat{a}$). Für klassische Physiker sind Elektronen „Undinge“.

starr und unbeeindruckt von ihrer Umgebung bei sich haben.[81] Weiterhin gilt für Elektronen (wie für alle elementaren Partikel) das Prinzip der Ununterscheidbarkeit. Prinzipiell ist es nicht möglich einem ausgesuchten Elektron eine „Startnummer" anzuheften, um seinen Weg durch den Kosmos nachverfolgen zu können. Sind Elektronen unter ihresgleichen, tragen alle dieselbe Maske und „niemand weiß mehr, was ihn vom Nachbarn unterscheidet".

Doch mit all diesen Bemerkungen ist die Argumentationskette längst nicht abgearbeitet, die der mechanisch-materialistischen („neurobiologischen") Naturauffassung widerspricht. Ohne sein Antiteilchen – dem Positron – ist das Elektron in seinem Verhalten, abgesehen von einfachen Sonderfällen, nicht zu verstehen. In „Wahrheit" ist das Elektron nur eine Seite einer Medaille, deren andere Seite das Positron ist. Als Antiteilchen des Elektrons ist das Positron kein neues „Individuum", vielmehr ist die Elektronentheorie nur konsistent und mit Messungen verträglich, wenn das Elektron tiefgründiger aufgefasst wird als eine Elektron-Positron Einheit, die formal durch den Bispinor in der beide Anteile verbindenden Dirac Gleichung beschrieben wird. Aber auch diese Korrektur rundet die quanten-physikalische Beschreibung des elementaren Teilchens „Elektron" (verschmolzen mit seinem Gegenpol – dem Positron) noch nicht ab. Die moderne Physik lehrt: Das isolierte „Ding" (das elementare Teilchen) ist in der Quantenfeldtheorie ein „Unding". Ohne Einbeziehung anderer „Teilchen" ist nicht zu verstehen, was „Teilchen" eigentlich sind. Mehr noch: In Strenge gilt nur das Ganze, das keine Teile hat. Die Quantenelektrodynamik beispielsweise vereinigt die Theorie der elektromagnetischen Erscheinungen mit der Dirac-Theorie für Ladungsträger. Im Allgemeinen besagen die Grundgleichungen dieser Theorie: Gelangt eine Ladungswolke in den Einflussbereich eines elektromagnetischen Feldes, dann verwandeln sich beide – die Wolke und das Feld –, sie bilden etwas gänzlich Neues, das weder Feld noch Ladungsträger ist, das vielmehr eine Einheit beider darstellt.

Auch die Vielteilchentheorie ist in ihrem Aufbau in Einklang mit dieser grundlegenden quanten-physikalischen Naturerkenntnis. In einer Elektronenwolke, in der ein positiv geladener Untergrund Ladungsneutra-

[81] Nach der alten Lehre des Atomismus gilt: Von „Anfang an" sind und bleiben die „Urbausteine" unveränderlich. Sie sind vom Nichts (dem Raum-Zeitbehälter) grundsätzlich verschieden. Würde die Anwesenheit anderer Teilchen das Elektron „verformen" können, so müsste das ganz andere zwischen ihnen – die Leere – ein Vermittler sein können, was der absoluten Gegensätzlichkeit zwischen Sein und Nichts widerspräche.

lität gewährleistet, verlieren die Bestandteile ihre „Individualität“, die sie in guter Näherung als einzelne Elektronen in einem großen kosmischen Hohlraum haben. Im Gegensatz zum anschaulichen Teilchenbild der klassischen Physik, in dem ein Wandel der elementaren „Dinge“ durch Annäherung nicht vorgesehen und vorstellbar ist, bilden die Quanten*bausteine* in einem Vielteilchensystem einen kollektiven Gesamtzustand. Die Eigenschaften eines „Elektrons“ im Verbund mit anderen Elektronen beschreibt die sogenannte Dyson-Gleichung, in die über die Selbstenergie alles „Äußere“ berücksichtigt wird. Jedes „Teilchen“ ändert sich durch die Ankopplung aller anderen „Teilchen“, jeder Zweiteilchen-Zustand ändert sich durch die Anwesenheit aller Dreiteilchen-Zustände, ... ohne Ende. Um exakt bestimmen zu können, was ein Elektron im Vielteilchenverbund ist, muss das gesamte Vielteilchenproblem exakt gelöst sein. In jedem „Teil“ der Ansammlung (das einzelne Elektron) ist das Ganze der Ansammlung eingeschmolzen; insofern ist das Teil das Ganze, allerdings von einer besonderen Perspektive aus betrachtet (das Ganze kann durch das kollektive Einteilchen-, Zweiteilchen-, Dreiteilchen-, ... Bild zum Ausdruck gebracht werden). Der platonisch-neuplatonische Einheitsgedanke wird hier von Naturforschern zum ersten Mal klar ausgesprochen.[82]

Sogar der ganze Entwicklungsweg der physikalischen Grundlagenforschung selbst folgt dem ganzheitlichen Quantenparadigma. Sind in der klassischen Physik Raum und Zeit strikt voneinander zu trennen, spricht man in der Einstein'schen Relativitätstheorie von einer Raum-Zeitunion, deren jeweilige Geometrie durch die Massenverteilung bestimmt wird. Bei der Weiterentwicklung aller Teilgebiete der Theoretischen Physik stand und steht diese Tendenz zur Vereinheitlichung im Mittelpunkt. Wie sich mit zunehmender Energie physikalische Begriffe

[82] Auf dem Gebiet der Theologie äußerte Meister Eckhart einen ähnlichen Gedanken, als er die unauslotbare Tiefe der beseelten Vernunft begeistert pries: „Ich sage bei der ewigen und bei der immerwährenden Wahrheit, daß es diesem Lichte [der beseelten Vernunft] nicht genügt an dem einfaltigen, stillstehenden, göttlichen Sein, das weder gibt noch nimmt: es will (vielmehr) wissen, woher dieses Sein kommt, es will in den einfaltigen Grund, in die stille Wüste, in die nie Unterschiedenheit hineinlugte, weder Vater noch Sohn noch Heiliger Geist. In dem Innersten, wo niemand daheim ist, dort (erst) genügt es diesem Licht, und darin ist es innerlicher als in sich selbst. Denn dieser Grund ist eine einfaltige Stille, die in sich selbst unbeweglich ist; von dieser Unbeweglichkeit aber werden alle Dinge bewegt und werden alle diejenigen „Leben“ empfangen, die vernunftbegabt in sich selbst leben.“ J. Quint Hsg., Meister Eckhart, Deutsche Predigten und Traktate, Carl Hansa Verlag, München, 1963, S. 316.

(sogar ganze Theorien) allgemein „läutern“, sich „anreichern“ und „verbiegen“, um ihre Gegensätzlichkeit überwinden und sich annähern zu können, ja miteinander zu verschmelzen, das illustriert die Abbildung 0.4.10. Gemäß der klassischen Physik (kP) stehen die Begriffe Raum, Zeit, Materie – Sein und Nicht-Sein – alle für sich. Keiner von ihnen ist „übergriffig“, keiner „verklärt“ den anderen, weil jeder zuständig ist für eine klar abgrenzbare „Sache“. Demgegenüber muss aus der Wissenschaftsgeschichte gefolgert werden, dass die Inhalte von Begriffen eben doch in Bewegung geraten, wenn die „Physik der Tennisbälle“ verlassen wird und Erscheinungen bei sehr viel höheren Energien untersucht werden (im mikroskopisch Kleinen, bei hohen Geschwindigkeiten oder schweren Massen). Das ist die Physik des nicht-Alltäglichen, die leider unanschaulich und nur dem mathematisch Versierten recht verständlich ist.[83] Für sehr schnelle Abläufe im Mikrokosmos ist die Quantenfeldtheorie (QFT) zuständig. In dieser vereinheitlichenden Theorie haben sich die Bedeutungen vormals gegensätzlicher Begriffe (wie Raum-Zeit, Teilchen-Vakuum) derart gewandelt, derart angenähert, dass sie für eine große einheitliche Theorie immer besser geeignet sind. Ähnlich konnte die spezielle Relativitätstheorie (SRT) mit der Einstein'schen Relativitätstheorie und der Theorie schwarzer Löcher (sL) vereinigt werden, wodurch die schroffen Gegensätze zwischen den Begriffen Raum, Zeit, Materie „eingeebnet“ wurden. Das Vereinigungswerk der theoretischen Physiker ist heute bereits weit vorangeschritten. Ob Maxwells Theorie des Elektromagnetismus, ob Einsteins allgemeine Relativitätstheorie, ob die Dirac-Gleichung oder das Standardmodell der Hochenergiephysik – alles ist bereits vereinigt in *einer* einzigen Feldtheorie, die unser gesamtes gegenwärtiges Wissen vom physikalischen Aufbau des Universums grundsätzlich beinhaltet. Diese eine einheitliche Theorie für „fast Alles“ drängt sich dem Forscher heute auf, wenn er seinen Blick auf hochenergetische Prozesse richtet, die z.B. in kleinen Raumbereichen, bei hohen Geschwindigkeiten oder bei großen Massenansammlungen auftreten.[84] Unter der „Oberfläche“ des Sichtbaren gilt es ein geistartiges Reich zu entdecken, in dem Wissensbausteine unterschiedlicher Disziplinen versammelt sind, die sich aber alle einem einheitlichen Prin-

[83] In seinem Lehrgedicht über das Entstehen vermutete bereits Parmenides, dass die „ganze“ Wahrheit verborgen ist im „nicht-Greifbaren“. Über Berge, Täler und Flüsse hinweg müsse der Philosoph ziehen, um weit „hinten“, im „Abgeschiedenen“, von der Göttin der Gerechtigkeit die lichte Wahrheit zu erfahren.

[84] Der hierarchische Aufbau der verschiedenen physikalischen Theorien, mit der einheitlichen Feldtheorie an der Spitze, ist mit der Plotin'schen Seelenhierarchie kompatibel.

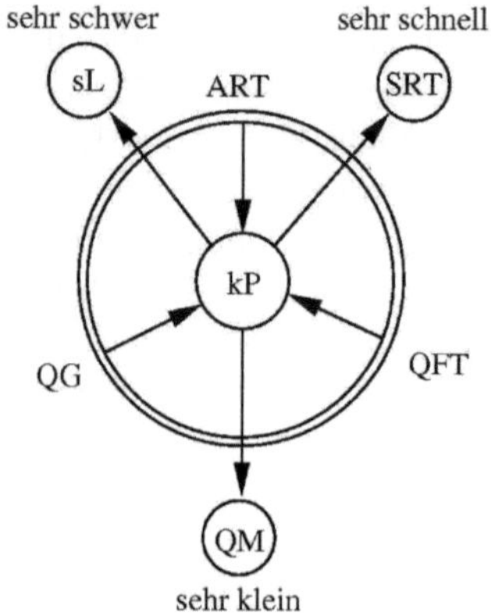

Abbildung 0.4.10:
Scheinbar steht im Zentrum der Naturphilosophie die klassische Physik (kP). Sie ist anschaulich und korrespondiert als Physik der alltäglichen Dinge zum mechanisch-materialistischen Weltbild. Konzeptionell scheitert sie jedoch bei der Erkenntnis des sehr Kleinen, des sehr Schnellen und des sehr Schweren. Sehr schnell nennen wir Geschwindigkeiten in der Größenordnung der Lichtgeschwindigkeit c. Sehr klein sind Abmessungen von der Größenordnung der de Broglie Wellenlänge λ. Sehr schwere Massenansammlungen im Volumen $V = 4\pi R^3/3$ sind von der Größenordnung $M = Rc^2/(2G)$. Zuständig für die Beschreibung der drei extremen Grenzfälle sind die Quantenmechanik (QM), die spezielle Relativitätstheorie (SRT) und die Theorie schwarzer Löcher (sL). Zur Behandlung von sehr schnellen Vorgängen im sehr Kleinen wurde die Quantenfeldtheorie (QFT) entwickelt. Einsteins allgemeine Relativitätstheorie (ART) beansprucht Gültigkeit auch für Phänomene, bei denen sich sehr schwere Massen sehr schnell bewegen. Wie sich etwas sehr Schweres im sehr Kleinen verhält, wird noch nicht befriedigend verstanden. Eine allgemeine Theorie der Quantengravitation (QG) steht noch aus. Nicht ins Zentrum, sondern in die Peripherie sind also die fundamentalen Gesetze eingeschrieben; und dort offenbart sich die große Einheit. Welche philosophisch-theologischen Früchte trägt die Rückschau vom Niveau der verallgemeinerten einheitlichen Theorie (von der Einheit) auf die klassische „Alltagsphysik" (auf die Vielheit)?

zip unterordnen, das im hochenergetischen Sektor klare Konturen gewinnt. Diese „Seelenhierarchie“, die begnadeten Religionslehrern schon immer vor Augen stand, kann für kein ernsthaftes Nachdenken über die Beschaffenheit der Welt bedeutungslos sein.[85]

Dass der quanten-physikalische Holismus-Gedanke auch weltanschauliche Bedeutung hat, wird von niemanden, auch nicht von Physikern der alten Schule bestritten. Der theoretische Physiker und Heisenberg Schüler, Hans-Peter Dürr, sprach über dieses neue Lebensgefühl in Gleichnissen: „Ich selbst sehe mich als Teil einer größeren Seele, die unsterblich ist. Insofern stellt sich für mich nur die Frage, in welcher Form ich hinterher noch teilhabe an der größeren Seele oder ob alle Spuren verwischt werden. Ich könnte ja eine Schaumkrone sein auf einer Welle im Ozean, und wenn die Welle wieder zurücksinkt in den Ozean, kann der Schaum weg sein. Aber es könnte auch sein, daß ich mich, während ich gelebt habe, nicht nur mit der Schaumkrone identifiziert habe, sondern mit allem, was darunter ist. Und dann vergehe ich in dem Maße auch nicht. Das heißt, je mehr Tiefenempfindung ich habe, um so unsterblicher werde ich, je oberflächlicher ich bin, um so mehr sterbe ich.“[86] Ergänzend schrieb er zur spirituellen Auslegung der quanten-mechanischen Ganzheitlichkeit: „Ich kann es nie ganz auseinandernehmen und sagen, da steht immer noch mein Name drauf. Das glaube ich überhaupt nicht. Es wird alles ins Ganze hineingeworfen, und ich profitiere auch von allem, was je gedacht wurde, ohne daß ich in meiner Individualität aufbewahrt bleibe.“[87]

Darf ein rational denkender, mathematisch gebildeter Theoretiker Gedanken äußern, denen „besonnene“ Kritiker derart eklatant widersprechen, dass sie spontan den Vorwurf „Esoterik“ erheben? Verständlich wird das nur, wenn man auf die eigenartige Plattform schaut, auf die er, nicht aber die Mehrheit seiner Kontrahenten steht. Es sind die Lektionen der Quantenphysik, die ihn davon überzeugen, dass das Geistartige fundamental ist und nicht das Steinchen, hineingeworfen ins Nichts: „Am Grunde der Wirklichkeit ist in dieser Betrachtung nicht die Ma-

---

[85] „Die Frage nach dem Ganzen dessen, was ist, nach einem letzten Grund und Ursprung dieses Ganzen und nach der Stellung der Vernunft selber in diesem Ganzen – sie gehört zur Vernunft wie das Allerheiligste zum Tempel, der ja Tempel erst durch das Allerheiligste ist ...“ J. Halfwassen, Auf den Spuren des Einen, Mohr Siebeck, Tübingen, 2015. S. 12.

[86] H.P. Dürr et al., Gott, der Mensch und die Wissenschaft, Pattloch Verlag, Augsburg, 1997, S. 131.

[87] Ebenda, S. 134.

terie, sondern nur ein Feld, das aber nicht materiell ist, sondern eine Art Potential darstellt. Ein Potential, das die Fähigkeit hat, sich zu materialisieren. Dieses Feld ist nur ein einziges Feld, aus dem das ganze Universum besteht."[88] Dieser naturwissenschaftlich begründete „objektive Idealismus" ist für konkrete Forschungsprojekte der Physiker bedeutungslos, lebensphilosophisch hingegen von unschätzbarem Wert.[89]

Die Anknüpfungspunkte der Quantenphysik an die glorreiche philosophisch-theologische Tradition kann niemand übersehen, der sich für beides interessiert: für das neue quanten-physikalische Naturbild und für die Gedanken herausragender Theologen und Philosophen der Geistesgeschichte. Die Kontroverse, auf die Physiker durch die ihnen von der „Natur" aufgezwungenen „Ideen" gestoßen sind, ist in Kreisen der Geisteswissenschaftler von alters her wohl bekannt. Zwei Beispiele genügen als Beleg. Die Kontrahenten auf der einen Seite waren und sind Atheisten, Mechanisten und Materialisten. Der atheistische Aufklärer, Dietrich von Holbach, brachte die Auffassungen dieser Schule auf den Punkt, erteilte den „weltabgewandten Metaphysikern" eine Abfuhr und verhalf dem „gesunden Menschenverstand" angeblich zu seinem Recht. In seinem lesenswerten Lehrbuch schrieb Richard Falckenberg zur Gesinnung Holbachs:[90]

---

88 Ebenda, S. 138.

89 „Die Positivisten haben gelernt, daß die Quantenmechanik die atomaren Phänomene richtig beschreibt; also haben sie keinen Grund, sich gegen sie zu wehren. Was wir dann noch so dazu sagen, wie Komplementarität, Schnitt zwischen Subjekt und Objekt usw., gilt den Positivisten als unklares lyrisches Beiwerk, als Rückfall in ein vorwissenschaftliches Denken, als Geschwätz; es braucht jedenfalls nicht ernst genommen zu werden und ist im günstigsten Falle unschädlich. Vielleicht ist eine solche Auffassung in sich logisch ganz geschlossen. Nur weiß ich dann nicht mehr, was es heißt, die Natur zu verstehen." W. Heisenberg, Der Teil und das Ganze, Pieper, München, 1969, S. 280.

90 R. Falckenberg, Geschichte der neueren Philosophie, Verlag von Veit und Comp., Leipzig, 1908, S. 231.

> „Indem der Mensch sich in Leib und Seele trennte, hat er tatsächlich nur sein Gehirn von sich selbst unterschieden. Der Mensch ist ein rein physisches Wesen. Alle sogenannten geistigen Vorgänge sind Gehirntätigkeiten, Spezialfälle der Wirkung der allgemeinen Naturkräfte. Denken und Wollen ist Empfinden, Empfindung ist Bewegung. Die bewegenden Kräfte sind in der sittlichen Welt dieselben wie in der physischen, hier heißen sie Anziehung und Abstoßung, dort Liebe und Hass; was der Moralist Eigenliebe nennt, ist der nämliche Selbsterhaltungstrieb, der in der Physik als Trägheitskraft bekannt ist."

Aus dieser gradlinigen, mechanisch-materialistischen Gesamtschau zog Bernard de Mandeville ernüchternde Folgerungen, die das menschliche Miteinander betreffen.[91] Unwidersprochen blieb der Aufruf zur „Ernüchterung" jedoch nicht. Man hielt dagegen: Egoismus und Pragmatismus – die vermeintlichen Springquellen des Wohlstands –, können den Zauberlehrling in arge Not bringen, da die mechanisch-materialistischen Gedankengänge allesamt nicht stimmig sind.[92]

Auf der anderen Seite vertreten Philosophen, Theologen und neuerdings Quantenphysiker gänzlich andere Standpunkte als jene, welche für „Sachlichkeit", „Unerschrockenheit" und „Pragmatismus" stehen. Ein Wortführer dieser spirituellen, ganzheitlichen Denkungsart war Benedictus de Spinoza. Über dessen Einschätzung des Leib-Seele Problems schrieb Falckenberg:[93,94]

---

91 „Habsucht, Verschwendung, Neid, Ehrgeiz und Wetteifer sind die Wurzeln des Erwerbstriebes und tragen zum öffentlichen Wohl mehr bei, als Wohlwollen und Beherrschung der Begierden." Ebenda, S. 184.

92 „Extreme Sophisten damals wie heute vertreten einen blanken Pragmatismus der Nützlichkeit, dessen Maß der eigene Vorteil ist. In einer Gesellschaft, in der Leistung, Erfolg, Geld, Profit und Macht höchste Priorität genießen, wird Egoismus statt einer hierarchischen Wertetafel, auf der als oberster Wert die Ehrfurcht vor dem grenzenlos vielfältigen Wunder des Lebens und das Nichtausnutzen und -ausbeuten anderer Lebewesen für die eigenen Zwecke steht, die Lebenspraxis bestimmen, das Zusammenleben gefährden und zerstören und einer blinden gesellschaftlichen Orientierungslosigkeit preisgeben. Heute ist vielen das eigene Ich schon der Hauptzweck ihres Tuns geworden." W.G. Esser, Philosophische Gottsuche, Kösel Verlag, München, 2002, S. 48.

93 R. Falckenberg, Geschichte der neueren Philosophie, Verlag von Veit und Comp., Leipzig, 1908, S. 113.

94 „Wie viel rette ich von dem, was ich Ich nenne, über den Tod hinweg? Ich würde sagen: Nichts von dem, was ich mir alleine zuordnen kann. Das kleine Ich, das Oberflächlichste, der versammelte Schaum, stirbt, nicht jedoch die Mehrzahl der Schaumblasen, und wesentlicher: Das große Ich, das Wasser, je tiefer um so mehr,

> „Leib und Seele brauchen nicht erst aufeinander zu wirken, weil sie überhaupt nicht zweierlei sind, sondern ein Wesen ausmachen, das man von zwei verschiedenen Seiten ansehen kann. ... Es gibt überhaupt nicht mehrere Substanzen, sondern nur eine, die unendliche, die Gottheit. ... Das materielle und das geistige Geschehen bilden nur die beiden Seiten eines und desselben Weltprozesses; die ausgedehnten und die denkenden Einzelwesen sind nichts anderes als wechselnde und vergängliche Zustände (Modi) des beharrlichen, ewigen, einheitlichen Weltgrundes. ... Selbstständigkeit der Einzeldinge, Willkür, Zweck, Entwicklung, das alles ist Schein und Irrtum.“

Ohne es zu wollen, es zu bemerken oder gar auszusprechen haben Quantentheoretiker die Seiten gewechselt: Ihren verehrten Lehrern, die dem mechanisch-materialistischen „Nihilismus“ anhingen, erweisen sie zwar immer noch Hochachtung, dabei geben ihre neuen Erkenntnisse denjenigen Recht, die von Meinungsführern heute als „Quantenspinner“ abqualifiziert werden. Die neuen Denkanstöße in der Naturphilosophie, zusammen mit dem philosophisch-theologischen Erbe, versuchen diese „Kritiker“ flugs lächerlich zu machen. Mit einem Handstreich wischen sie vom Tisch, was Karl Jaspers als bedeutsam für die gesamte Philosophiegeschichte hervorhob:[95]

ist unsterblich. Und was ist mit meiner Seele? Ja, wenn es um die persönliche, die private Seele geht, habe ich mit dem Christentum Schwierigkeiten.“ H.P. Dürr, R. Panikkar, Liebe Urquell des Kosmos, Herder, Freiburg Basel Wien, 2008, S. 70.

95 K. Jaspers, Einführung in die Philosophie, R. Piper und Co Verlag, München, 1953, S. 33.

> „Seit Jahrtausenden haben Philosophen in China, Indien und dem Abendlande etwas ausgesprochen, was überall und durch alle Zeiten gleich, wenn auch in der Mitteilungsweise mannigfach ist: Der Mensch vermag die Subjekt-Objekt-Spaltung zu überschreiten zu einem völligen Einswerden von Subjekt und Objekt, unter Verschwinden aller Gegenständlichkeit und unter Erlöschen des Ich. Da öffnet sich das eigentliche Sein und hinterläßt beim Erwachen ein Bewußtsein tiefster, unausschöpfbarer Bedeutung. Für den aber, der es erfuhr, ist jenes Einswerden das eigentliche Erwachen und das Erwachen zum Bewußtsein in der Subjekt-Objekt-Spaltung vielmehr Schlaf."

An anderer Stelle fügte Karl Jaspers den bedenkenswerten und erschreckenden Satz hinzu, der von der Menschenwürde handelt: „Es gibt keinen Gott, ist der anschwellende Ruf der Massen; damit wird auch der Mensch wertlos, in beliebiger Anzahl hingemordet, weil er nichts ist."

0.5 Neuplatonismus

Keine andere Naturlehre kommt dem Anschauungsvermögen so sehr entgegen wie der mechanisch-materialistische Naturalismus. Seine Grundaussagen sind Axiomen scheinbar gleichzustellen: 1. Es gibt den leeren Raum und es muss ihn geben. Der Begriff „Raum“ bezeichnet eine „Denknotwendigkeit“, weil es einen „Behälter“ geben muss, der etwas aufnehmen kann. Diesem leeren „Fass“ ist es jedoch äußerlich, ob sich in ihm etwas befindet. Die Leere ist nicht nur unverzichtbar in allen denkbaren Weltmodellen, vielmehr genügte sie sich selbst. Wäre allerdings nichts weiter „da“ als nur „Nichts“, könnte natürlich niemand sagen: es ist nur „Nichts“. 2. Daher gibt es das nicht-Nichts, daher gibt es „Seinskörnchen“. Die kleinen „Klötzchen“ sind ebenfalls absolut, sie sind das „ganz andere“, das sich abhebt von dem notwendigen „Nichts“. Zu sagen: „Dort befindet sich etwas“, ist daher ein weiteres, denknotwendiges Eingeständnis, das sich der Vernunft einfach deshalb aufdrängt, weil etwas da ist, was Fragen stellen kann. Obwohl sich nun die kleinen „Urbausteinchen“ im Raum schier „unendlich“ verschiedenartig anordnen können und solcherart alle Dinge aufbauen, stehen sie notwendig immer nur nebeneinander, bilden zusammen etwas Zusammengesetztes ... ein Stuhlbein, eine Taschenuhr, ein Fieberthermometer, ... ohne je eine echte Ganzheit bilden zu können, die nicht aus Teilen (den Bauklötzchen) besteht. Gemäß der mechanistisch-atomistischen Konstruktion ist echte „Ganzheitlichkeit“ ein der Esoterik entlehnter Begriff. Wir leben in einem Maschinensaal – das ist das Grundaxiom der nihilistischen, mechanisch-materialistischen Weltauffassung. Jede spirituelle Gegenposition sei unwahrhaftig, lüge sie doch eine zweite Welt, eine „Überwelt“ herbei. Wer seinen Kopf klar hält und den Sinnen vertraut, der erkennt, dass sich die kleinsten „Steinchen“ spontan im leeren Raum verlagern, um *allen* Dingen ziel- und zwecklos ihren „Auftritt“ zu ermöglichen. Eine besonders trickreich zusammengerüttelte Massenansammlung (Maschine) gibt es weltweit wohl nur auf Erden: das menschliche Gehirn. Um mit diesem „Denkding“, aber auch mit allen anderen Dingen, immer besser (wissenschaftlich und technisch) umgehen zu können, muss man es auseinander nehmen (jedem Neuron seine Funktion zuweisen) und wieder zusammensetzen, um eventuell einst eine Maschine bauen zu können, die besser „denken“ kann als das Gehirn. Das naturalistische Paradigma von der Abgeschlossenheit des Spiels der Bausteine wird rational genannt, dem Atheismus zugerechnet, weil es mit Religiosität strikt unvereinbar ist.[96] „Während die Theisten ‚existentiell' an das Gefühl oder das Gemüt appellieren, halten sich die Atheisten allein an den Verstand. Dieser Gegensatz ist unüberbrückbar und ist immer gewesen," schrieb Werner Gent.[97]

Die lebensphilosophischen Konsequenzen dieser „rationalen" und sich als „rechtschaffend" darstellenden Naturphilosophie sind bestürzend. Mit aphoristischer Deutlichkeit sprach Emil Cioran von der Sinnlosigkeit des Daseins. Er schrieb: „Dem Tier ist das Leben alles; dem Menschen bedeutet es ein Fragezeichen. Und dieses Fragezeichen ist ein Schlußakt, weil keine der menschlichen Fragen je beantwortet worden ist und auch nimmer beantwortet werden wird, denn das Leben hat nicht nur keinen Sinn, sondern kann auch gar keinen haben."[98,99]

Schon früh gab es Einwände gegen die angebliche Zwangsläufigkeit des anschaulichen mechanischen Materialismus und den mit ihm sympathisierenden Nihilismus. Sokrates relativierte die Erhabenheit der erscheinenden Objektivität der Natur, weil er auch dem „Geist", dem „Nicht-Greifbaren", „Objektivität" zusprach. Die sinnlich wahrnehmbaren Dinge können den Menschen nicht über wahr oder falsch, gut oder böse belehren, denn von stumpfsinnigen, toten Materieklumpen könne niemand unterwiesen werden, könne niemand zum Wesen einer Sache geleitet werden. Das Reich des objektiven Geistes war für Sokrates nicht minder real als jedes Ding. Nicht die sinnliche Wahrnehmung, sondern nur das Denken kann sich in diesem Geisterreich „umschauen", nur durch das Nadelöhr der „Innerlichkeit" kann die sich ins „Unendliche" erstreckende Sphäre der ideellen „Wesenheiten" erschlossen werden.

Man ging sogar noch weiter und behauptete: Das Intelligible ist als

---

96 „Konsequent durchdacht, ist es unmöglich, im Denkraum des Atomismus menschenähnliche Göttergestalten mit Persönlichkeitseigenschaften unterzubringen. Dieser Interpretationsversuch des Weltgeschehens geht an der Möglichkeit von mystischen oder religiösen Haltungen achtlos vorbei." W. Gent, Untersuchungen zum Problem des Atheismus, Georg Olms Verlagsbuchhandlung, Hildesheim, 1964, S. 55.

97 Ebenda, S. 19.

98 E.M. Cioran, Auf den Gipfel der Verzweiflung, Suhrkamp Verlag, Frankfurt am Main, 1989, S. 148.

99 „Die menschliche Vernunft hat das besondere Schicksal in einer Gattung ihrer Erkenntnisse: daß sie durch Fragen belästigt wird, die sie nicht abweisen kann; denn sie sind ihr durch die Natur der Vernunft selbst aufgegeben, die sie aber auch nicht beantworten kann; denn sie übersteigen alles Vermögen der menschlichen Vernunft." I. Kant, Vorrede, Kritik der reinen Vernunft.

absolutes Wissen nicht bloß ein Bild (oder das Wesen) der Sache – vielmehr *sei es die Sache selbst.*[100] Auch die „objektive Objektivität" sei letztlich „subjektive (intelligible) Objektivität". Mit diesem von weit hergeholten „Orakel" überspannten die philosophierenden Theologen den Bogen. Verächtlich schmunzelnd fragten Unheilslehrer: Wo sind die Beweise? Viele Jahrhunderte gab es nicht einmal einen einzigen Anhaltspunkt, der die Glaubwürdigkeit dieser „kühnen" These bezeugen könnte. Anfang des vorigen Jahrhunderts änderte sich die Sachlage jedoch schlagartig. Plötzlich hörte man unerwartete Töne, die das Undenkbare neu zur Sprache brachten und zwar in Gestalt der quantenmechanischen Naturbetrachtung.

Welche Denkanstöße und Eingeständnisse gab das geläuterte naturwissenschaftliche Weltbild den Philosophen und Theologen? Umgekehrt wäre auch zu fragen: Welche lebens-philosophischen Lehren, die mit ihrem naturwissenschaftlichen Wissen kompatibel sind, hätten die Naturforscher aus den alten Büchern der Weisheit nun frohgemut aufgreifen können? Jedem Betrachter der grandiosen philosophisch-theologischen Tradition und der neuen quanten-physikalischen Naturlehre drängt sich die Parallelität der grundsätzlichen Auffassungen beider Seiten auf. Bezugnehmend auf die Hegelsche Religionsphilosophie (nach der die Welt 1. aus einem einheitlichen Urgrund entstammt, der 2. einen „geistartigen" Charakter hat und der 3. rückbezüglich geschlossen ist) fassen wir die Kernaussagen des physikalischen Teils im Kapitel 0.4 kurz zusammen: Wir wissen heute, „dass die sinnliche Wirklichkeit aus einer *einheitlichen* Quantenwelt entspringt (Hegels erste Prämisse), in der es auf fundamentalem Niveau nichts Stoffliches, sondern nur Potentielles, eher dem Geist Verwandtes gibt (Hegels zweite Prämisse). Ferner ist die Annahme, der gesamte Quantenkosmos sei rückbezüglich und selbstkonsistent verfasst, besonders attraktiv und drängt sich der modernen Forschung gewissermaßen auf (Hegels dritte Prämisse). So steht das naturwissenschaftlich gut begründete, fundamentale Wissen längst auf der Seite der genialen Ideen, die in der überlieferten philosophisch-

[100] „Die Einsicht in die ausgezeichnete Beziehung des Denkens zum Ursprung, zum Ganzen und zum Wesen führt ... zur Geistmetaphysik, welche ... den Geist als die Ur- und Grundform des Seins denkt, dessen denkende Selbstbeziehung alle Seinsformen produktiv aus sich entfaltet, um in ihrer systematischen Einheit zu sich selbst zurückzukehren und sich selbst als denkendes Selbstverhältnis gegenwärtig zu haben." J. Halfwassen, Auf den Spuren des Einen, Mohr Siebeck, Tübingen, 2015, S. 4.

theologischen Denktradition stehen."[101] Die Befunde der quanten-physikalischen Naturerkenntnis (1. Die Welt ist fundamental immateriell, geistartig und 2. die hierarchische Anordnung aller Teildisziplinen verweist auf einen einheitlichen „Urgrund") spiegeln sich in der alten Metaphysik, dessen Kern der Philosoph Jens Halfwassen auf folgende Formel brachte: „Die Vollendungsgestalt der Metaphysik ist ... eine Geistmetaphysik, die in einer Metaphysik des Einen fundiert ist. Erreicht ist diese Vollendungsgestalt erstmals bei Plotin ..."[102,103]

Vorwärts, mit dem Rücken nach vorn, entfernten sich die Physiker vom strengen Materialismus, der die Existenz kleinster „Steinchen" postuliert, und näherten sich dem objektiven Idealismus an, da sie die Immaterialität der „Urstoffe" eingestehen mussten. Im Anfang war das Wort! – hieß es nunmehr auch bei ihnen und nicht länger: Im Anfang waren Klötzchen. Wenn solcherart das Naturbild von den „Füßen" auf den „Kopf" gestellt wird, sollte sich das Interesse an philosophisch-theologischen Spekulationen sprunghaft erhöhen. Etappenziele einer deswegen heute anstehenden Theologie im Aufbruch nahm vor zirka zwei tausend Jahren der Neuplatonismus Plotins beeindruckend vorweg.[104] Wie heute die Quantenphysiker unter Zwang ihrer Experimente, war Plotin einst davon überzeugt, dass der Schöpfergott auf nichts weniger verzichten kann als auf „Ideen", als auf „Theorien". Selbst die quanten-physikalische Komplementarität wurde von Plotin vorwegnehmend allgemein bedacht.[105] Plotin sprach in diesem Kontext von

---

[101] P. Kleinert, Ist die Philosophische Theologie am Ende?, WiSa, Stuttgart, 2013, S. iv.

[102] J. Halfwassen, Auf den Spuren des Einen, Mohr Siebeck, Tübingen, 2015, S. 4.

[103] „Ist Plato der größte Dialektiker und Künstler, Aristoteles der größte Gelehrte, so ist Plotin der große Metaphysiker unter den Philosophen des Altertums, vielleicht der Größte, von dem die Geschichte der Philosophie überhaupt zu berichten weiß." A. Drews, Plotin und der Untergang der antiken Weltanschauung, E. Diederichs, Jena, 1907, S. 55.

[104] Kompromisslos wandte sich Plotin gegen den mechanischen Materialismus: „Körpern alles zuzuschreiben, seien es die Atome oder die sogenannten Elemente, und aus deren ungeordneter Bewegung Ordnung, Vernunft und die leitende Seele hervorgehen zu lassen, ist ... ungereimt und unmöglich ..." Plotin, Dritte Enneade, Erstes Buch, S. 133.

[105] „Die Sache läßt sich auch so betrachten. Da nämlich der Geist ein Sehen ist und zwar ein sehendes Sehen, so wird er eine zur Wirklichkeit gelangte Möglichkeit sein. Folglich wird das eine an ihm Materie, das andere Form sein, wie ja auch das leibliche Sehen ein doppeltes hat; vor dem Sehen war's sicherlich eins. Das Eine ist also zwei geworden und die zwei eins." Plotin, Enneaden, Achtes Buch, S. 227.

„Betrachtungen“ (Theorie), deren scheinbarer Gegenspieler (die „Hervorbringungen“) in Wahrheit nur eine Begleiterscheinung der Betrachtungen, des „Geistartigen“ ist. Plotin schrieb: „Daß also alles aus Betrachtung hervorgeht und Betrachtung ist, sowohl das wahrhaft Seiende wie das, was während seines Betrachtens entsteht und seinerseits Betrachtetes ist ...“[106] Jede Erscheinung sei auf ihre Art Betrachtung, die sich in eine hierarchische Ordnung einfügt. Die hohe Wertigkeit des Betrachtens (des Immateriellen) verglichen mit dem Betrachteten (dem Materiellen) hat eine erkenntnistheoretische Pointe. Anders als ein Materialist fragt Plotin, wie denn die Wirklichkeit beschaffen sein muss, um Gegenstand wahrheitsgemäßer Erkenntnis sein zu können. Die Formel, die ihm zur Lösung dieses erkenntnistheoretischen Grundproblems einfiel, wird leider auch heute noch verbreitet zurückgewiesen: Die Wirklichkeit muss selbst „Denken“ sein, weil sie gedacht werden kann. Da unsere vernünftigen Urteile vielfach bestätigt als „wahr“ anerkannt werden müssen, also nicht willkürlich zusammengelegte Wortfetzen sind, müssen „Denken“ und „Sein“ ihrem Wesen nach identisch sein.[107] Ganz und gar unvernünftig sei es doch, das Formlose, Passive, Dunkle, Unbestimmte, sowie Vernunftlose als „Urgrund“ aller Wirklichkeit anzusehen. „Der Stoff kann als solcher nicht ... der tragende Grund des Daseins sein ... weil er eben gar nichts Wirkendes und folglich auch nichts Wirkliches ist, sondern alle seine Bestimmtheit und Wirklichkeit erst von außen durch die Form empfängt. ... Die sinnliche Wirklichkeit ist ihrem Wesen nach ... das Bild der Ideenwelt im Spiegel des Stoffes. Sie ist mit ihrem Werden und dem beständigen Wechsel der in ihr vorhandenen Gestalten eine bloße Erscheinungswelt.“[108] Von dieser idealistischen Plattform des (Neu-) Platonismus ausgehend, werden andere Kerngedanken der neuplatonischen Spiritualität überhaupt erst verständlich.[109]

106 Plotin, Ausgewählte Schriften, Philipp Reclam Verlag, Stuttgart, 1973, S. 45.

107 „Da nun die Betrachtung aufsteigt von der Natur zur Seele und von dieser zum Geist, und da die Betrachtungen hierbei immer wesenseigener werden, geeint mit den Betrachtenden, da schließlich in der Seele des Weisen das durch die Betrachtung Erkannte mit dem Subjekt identisch wird, denn es strebt ja zum Geist hinauf, so ist beim Geiste denn natürlich beides eine Einheit, die nicht mehr auf Wissensaneignung beruht wie noch bei der besten Seele, sondern auf Wesenheit, darauf, das, Sein und Denken dasselbe sind.“ Ebenda S. 47.

108 A. Drews, Plotin und der Untergang der antiken Weltanschauung, Verlag Eugen Diederichs, Jena, 1907, S. 63.

109 „... daß es ein Reich des objektiven Geistes gibt, ist die größte Entdeckung, die der denkende Mensch bei seiner Durchforschung des Sein überhaupt machen ... konnte.“ Ebenda S. 13.

Erst wenn dem mechanischen Spiel der Bauklötzchen, Hebel und Stellschrauben eine selbsttragende Funktion abgesprochen wird, darf die Gottesfrage gestellt und spekulativ beantwortet werden. Ein alter, leider vergessener Gedanke drängt sich sodann wieder machtvoll auf – der Einheitsgedanke –, den jüngst mit bislang unbekannter Schärfe und in Gestalt allgemeiner Naturgesetze theoretische Physiker vortrugen (Verschränkung). Platon und Plotin, die Vordenker dieser Weltsicht, zögerten nicht, mit klaren Worten das auszusprechen, was heute informierte Naturphilosophen nicht bestreiten werden: Der mechanische Materialismus als Weltanschauung wurde widerlegt. Die neuen fundamentalen Naturgesetze sind holistisch und beziehen sich auf ein „intelligibles" Fundament. Anders als für „Klötzchen" überhaupt vorstellbar, ist im Intelligiblen alles eins, durchdringen sich Ideen so sehr gegenseitig, dass nicht eine aus einer anderen, sondern alle aus einer einzigen hervorgehen. Jede einzelne Idee ist nie Teil, vielmehr immer das Ganze, wie das Besondere zugleich das Allgemeine ist. Dabei überspannen hartgesottene Mystiker sogar noch den Bogen, weil sie behaupten: Verlöre man auch nur das „Geringfügigste", das Ganze würde dadurch zunichte. Angriffslustiger können Mystiker nicht gegen Mechanisten vorgehen, wenn sie behaupten:

> Der Stoff ist nichts Wirkendes und folglich auch nichts Wirkliches, allein das wahrhaft Eine ist das wahrhaft Seiende.

Im Gegensatz zur Sinnenwelt, in der echte Teile losgerissen vom Ganzen „existieren", ist im Intelligiblen alles ineinander, schließt keines das andere von sich aus. Der Ideenwelt fehlt nichts, zu ihr kommt nichts hinzu, von ihr geht nichts weg – sie ist der Zeitlichkeit enthoben. Mystiker haben eine Vision vom wahrhaften Sein, das niemals nicht sein noch anders sein kann, denn es ist ein Allgeist, der alles hat ohne es zu haben. Was er nämlich „hat" – das Einzelne – ist ja selbst das Ganze in all seinen Beziehungen – ein Gedanke, den Quantenphysiker in ihren Formeln erstaunt wiederentdecken.

Wenn das mechanische Hebelspiel ferngehalten werden muss von der Schöpfung der Natur, wie Plotin sich ausdrückte und Quantenphysiker ausführlich darlegen, dann dürfen dem „Urgrund" aller Wirklichkeit wegen seiner Immaterialität atemberaubende „Kapriolen" zugetraut werden. Das absolute Teilchen der Mechaniker, dem alles zugeschoben wurde, weil es der absolute Gegensatz zum Nichts ist, muss weg; es bleiben die hierarchisch gegliederten, ideellen Gesetze, die wir nunmehr als „Gottes Wort“ bezeichnen dürfen. Ist aber am „Anfang das Wort“, ist das „Wort“ fundamental, so darf der Gedanke nicht unbegründet abgewiesen werden, dass Zustände das „metaphysische Dahinter“ aller Wirklichkeit bilden, die in der Quantenphysik allgegenwärtig sind, die der Quantenphysiker „verschränkt“ und der Philosoph „ganzheitlich“ nennt. Was Mystiker zu allen Zeiten predigten, sollte heute umso mehr festgehalten werden: Alles hängt mit Allem zusammen! Dieser holistische Grundgedanke ist generisch quanten-physikalisch, steht aber auch im Platonismus und Neuplatonismus an oberster Stelle: „Ferner aber ist der Geist nicht Geist irgendeines einzelnen Dinges, sondern er ist auch Gesamtgeist und als Gesamtgeist ist er auch Geist aller Dinge. Ist er nun Gesamtgeist und Geist aller Dinge, so muß auch sein Teil Gesamtgeist und aller Dinge Geist sein; sonst würde er einen Teil haben, der Nicht-Geist ist, gar sich zusammensetzen aus Nicht-Geisten und ein zusammengewürfelter Haufen sein, der darauf wartet, aus all diesen Bestandteilen zum Geist zu werden. Daher ist der Geist auch auf diese Weise unendlich ... denn er ist eben keine Zusammensetzung von Stücken.“[110] Der fundamentale quanten-physikalische Begriff „Verschränkung“ (siehe Seite 54) zwingt Materialisten, Mechanisten und Atheisten ihre Vorbehalte gegen den Neuplatonismus ernsthaft zu überdenken. Sie können nicht länger Plotin verächtlich machen, weil er ein Bild von der Wirklichkeit zeichnete, demzufolge nicht Teilchen die Impulse geben, sondern der „objektive“ Geist, der alles unter seine Fittiche nimmt.

Unter dieser Voraussetzung kommt der Einheitsgedanke zum Tragen, mit dem beide vertraut sind: der Quantenphysiker und der Platoniker.[111] Die „Theorie von Allem“ (TOE – theory of everything), die namhafte Physiker für erstrebenswert halten, würde auch der Neuplatonist begrüßen, sie der Weltseele zuordnen, steht doch der Einheitsgedanke auch im Zentrum all seiner Überlegungen.

Zur Erläuterung des platonischen Einheitsbegriffs dient ein Beispiel. Irgendwelche reellen Zahlen $x_1, x_2, \ldots, x_n$ mögen im Intervall zwischen 0 und 1 liegen. Wir fragen: Verbindet sie etwas miteinander, „bespre-

---

[110] Ebenda, S. 48.

[111] „Dieser Zug in die Einheit des Ursprungs ist das eigentliche Wesen der Dinge, das sich hinter dem Schein ihrer bunten Vielfalt und Verschiedenheit verbirgt. Es zeigt sich nur dem Denken.“ J. Halfwassen, Auf den Spuren des Einen, Mohr Siebeck, Tübingen, 2015, S. 2.

chen“ sie sich oder steht jede Zahl nur für sich? Unabhängig von der Auswahl aller x_1 bis x_n verbindet sie immer etwas „Gemeinsames“: Sie alle sind Lösungen der Gleichung $y = (x - x_1)(x - x_2) \dots (x - x_n) = 0$. Doch dieses „Gesetz“, das für alle reellen Zahlen gilt, ist im Grunde

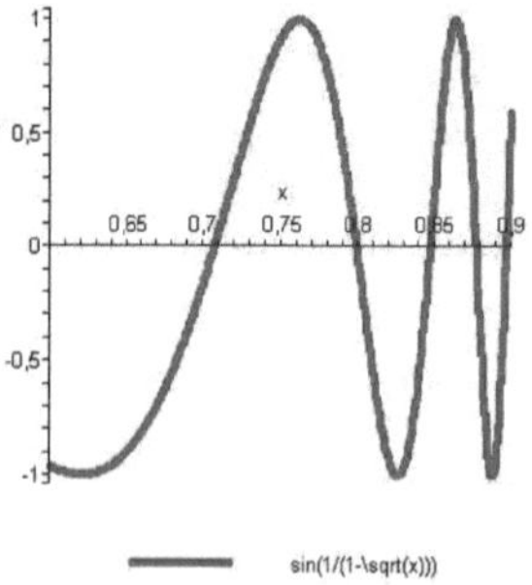

Abbildung 0.5.1:
Die Nullstellen der Funktion $y = \sin(1/(1 - \sqrt{x}))$ haben alle das gemeinsame Bildungsgesetz $y = 0$. Sie bilden in diesem Sinne eine Einheit, wobei die Teile (die Nullstellen) wegen ihrer eventuell unendlich langen Ziffernfolge gar nicht explizit angebbar sind.

gar kein Gesetz. Das beweiskräftige Argument entnehmen wir der algorithmischen Informationstheorie. Nicht nur alle Datensätze, sondern auch alle Theoreme, alle Beweise und alle „Gesetze“ können vermittels eines binären Codes „aufgeschrieben“ werden. Vergleichen wir die Anzahl der Bits, die wir für die Mitteilung der Daten $x_1, x_2, \dots x_n$ bzw. für die Mitteilung der Gleichung $(x - x_1)(x - x_2) \dots (x - x_n) = 0$ bereitstellen müssen, so ergibt sich die gleiche Größenordnung. Verglichen mit der mühsamen Aufzählung aller Zahlen wird durch die Niederschrift dieser Gleichung weder die Schreibarbeit verringert noch auf eventuell vorhandene Gemeinsamkeiten hingewiesen. Wenn eine Zahlenfolge jedoch einen einheitlichen Ursprung hat, dann kann dieser in Gestalt eines Bildungsgesetzes die unübersichtliche Vielheit kurz und bündig repräsentieren. Für die fünf reellen Zahlen
$\{x_1 = 0.7070204097, x_2 = 0.7990513185, x_3 = 0.8471776309, x_4 = 0.8767288929, x_5 = 0.8967111819\}$
(von denen nur die ersten zehn Stellen hinter dem Komma angegeben sind) gibt es ein Bildungsgesetz: alle Zahlen sind Nullstellen der Funktion $y = \sin(1/(1 - \sqrt{x}))$ (siehe Abbildung 0.5.1). Im Intervall

zwischen Null und Eins hat diese Funktion unendlich viele Nullstellen. Nicht einmal der fleißigste Schriftführer könnte alle aufschreiben. In einem endlichen Universum ständen nicht genügend Bits zur Codierung dieser gigantischen Datenmenge zur Verfügung. Um allerdings das allen Gemeinsame, ihren gemeinsamen Ursprung (nämlich die Gleichung $y = \sin(1/(1-\sqrt{x})) = 0$) zu Papier zu bringen, genügen bereits wenige Symbole (wenige Bits). Das Bildungsgesetz der Zahlengesamtheit ist nicht die Gesamtheit selbst, sondern eine „Gestalt", die den Zahlen nicht angeheftet ist, die aber mathematisch erschlossen werden kann. Wollte der Mathematiker den ganzen Datensatz in seinem Rucksack verstauen und damit auf Wanderschaft gehen, er ginge in die Knie. Aber mit dem intelligiblen Konstrukt ($y = \sin(1/(1-\sqrt{x})) = 0$), mit dem „Wesen" der besagten Zahlenfolge, mit ihrer „Einheit", kann er gut umgehen, kann er von einer Gestalt (Gedanke) zur nächsten übergehen. Beschwingt berechnet er die Ableitungen an den Nullstellen, die Taylorreihe der Funktion, ... und bindet so den spröden, unendlichen Datensatz in ein geordnetes Netzwerk (die Analysis) von „Gestalten" ein. Erst auf der Ebene der „Wesenheiten", abseits aller Regellosigkeit und Zufälligkeit, kann das Denken in Bewegung geraten, erschließt sich ihm ein Betätigungsfeld.[112] Indem er aber „begreift" (nämlich die Gestalten „begreift" und „handhabt"), kann der Denker auch schöpferisch handeln und seine Dinge in die Welt setzen (von der Tabakdose und Gummistiefeln angefangen bis hin zu Prozessoren für Großrechner).

Diese Argumentationsfigur übernehmen und verallgemeinern Idealisten. Sie behaupten: Auch Gott, der Weltenschöpfer, müsse so vorgehen, müsse sich mit den „Gestalten", den „Wesenheiten", den „Einheiten" beschäftigen, er darf sich nicht vom unendlichen Datenmüll erdrücken lassen, weil er „Wort" ist. Nicht nur alles Denkbare ist denkbar, weil es einheitlich ist, sondern auch alles Seiende ist seiend, nur deshalb, weil es einheitlich ist.[113] So ist zu verstehen, dass Platons und Plo-

[112] „... was in keiner Weise Eines ist, ist für das Denken nichts." J. Halfwassen, Auf den Spuren des Einen, Mohr Siebeck, Tübingen, 2015, S. 97.

[113] Die Zuweisung der Wesensmerkmale zu den Dingen, die das Bedenken erst ermöglicht und dessen Sachhaltigkeit verbürgt, geschieht nicht immer gradlinig. Der weitaus überwiegende Anteil aller reellen Zahlen (nämlich überabzählbar viele von ihnen) kann nicht einmal benannt, geschweige denn nach eventuellen Gemeinsamkeiten mit anderen irrationalen Zahlen „befragt" werden. Viele von ihnen lassen sich nicht auf eine „Formel" bringen, sondern sind einfach unverwechselbar so, wie sie sind. Obwohl man ihrer nicht habhaft wird und sie „von unten her" in kein Schema pressen kann, thront doch über ihnen allen ein verbindliches Regelwerk, nämlich die Konsistenzforderung im Körper der reellen Zahlen.

tins Lehre vom Einen einen hohen Stellenwert hat für alle metaphysischen Denkrichtungen.[114] Ein ausgewiesener Kenner des Platonismus und Neuplatonismus, der Philosoph Jens Halfwassen, fasste die Grundaussagen einer jeden qualifizierten Metaphysik wie folgt zusammen: „1. Jedes Seiende existiert als dasjenige, was es jeweils ist ... weil es *Eines* ist. 2. Die Gesamtheit aller einzelnen Seienden bildet die Einheit eines Ganzen. Einheit charakterisiert also ... ebenso die Totalität des Seins. 3. Das Prinzip der Einheit des Ganzen und zugleich der Einheit jedes einzelnen Seienden ist das Eine selbst. Als der Einheit-verleihende Ursprung ist das Eine das Absolute, durch das alles Seiende Eines und kraft seiner Einheit auch seiend ist."[115]

Die Pointe des Neuplatonismus kommt mit dieser Darstellung des Einheitsgedankens jedoch noch nicht voll zur Geltung. Anders als Hegels Lehre vom sich selbst genügenden Weltgeist, setzt der Platonismus und Neuplatonismus über das Prinzip der Einheit des Ganzen noch ein weiteres „Begründendes", das allerdings nun nicht mehr Einheit oder „Gestalt" sein kann, weil nur etwas gänzlich „Unbestimmbares" einen Abschluss herbeiführt. Diese voraussetzungslose „Urkraft" lässt sich in keinem Kontext zur „Rede stellen", schließlich ist sie „Erfinder" und „Treuhänder" des „im Anfang war das Wort". Sie ist dem Denker nur nahezubringen, indem man alles, was über das „Ur..." ausgesagt wird, verneint. Das Ziel dieser negativen Theologie ist nicht Sprachlosigkeit, sondern das „Schauen" des Numinosen. Jens Halfwassen drückte es so aus: „Die Verneinung aller Bestimmungen vom Absoluten meint ... nicht die Leere, den absoluten Mangel, sondern die absolute Transzendenz ... es übersteigt den Zusammenhang von Denken und Sein, indem es das Prinzip dieses Zusammenhangs ist ... Darum muß sich das Denken in seiner Beziehung zum Absoluten selbst übersteigen, was letztlich zur Mystik führt."[116]

Über die alles abschließende Kuppel des namenlosen Pantheons gibt es

[114] „Platon [kam] zu der Einsicht, das Eine sei ursprünglicher und grundlegender als das Sein und das Seiende ... Das Eine ist ... das Absolute, das sich nicht wegdenken läßt, weil es von jedem Denkakt schon vorausgesetzt wird. Und weil die Bedingungen des Denkens für Platon zugleich die Bedingungen des Seins sind, darum ist alles, was in irgendeiner Weise seiend ist, überhaupt nur darum seiend, weil und insofern es Einheit ist. Das Eine ist darum das absolute Prinzip des Seins wie des Erkennens, das mit der Einheit von Denken und Sein zugleich die Sachhaltigkeit unseres Denkens begründet." J. Halfwassen, Auf den Spuren des Einen, Mohr Siebeck, Tübingen, 2015, S. 98.

[115] Ebenda, S. 91.

[116] Ebenda, S. 102.

nichts Definitives zu berichten, denn alles Berichten hat in ihr seinen „Grund“. Nur dieser dunkle Abschluss verhindert, dass die Hierarchie des immer tiefergehenden „Wissens“ (vom Sein) ins Unendliche ausufert. Der Grund von allem Wissen ist kein Wissen mehr, der Grund aller Gesetze ist kein Gesetz mehr, der Grund des Seins ist kein Sein mehr. Plotin nannte das „Unnennbare“ wahlweise das „Eine“, das „Gute“, fügte aber hinzu, dass kein Name die wahre Urwirklichkeit auch nur annähernd adäquat benennen kann. Warum die „Suche nach Gott“, nach dem letzten Grund der Wirklichkeit bei der Sprachlosigkeit enden muss, begründet Plotin so: „Denn das Gesamtsein ist nicht Ursprung, sondern aus dem Ursprung geht das Gesamtsein hervor; der Ursprung selbst aber ist nicht das Gesamtsein, noch ein Stück davon, denn sonst könnte es nicht das Gesamtsein erzeugen und wäre Vielheit, aber nicht Ursprung der Vielheit; denn überall ist das Erzeugende einfacher als das Erzeugte. Wenn also dieses den Geist erzeugt hat, muß es seinerseits einfacher als der Geist sein ... Und was ist es dann? Die Möglichkeit des Gesamtseins; wäre sie nicht, so wäre das Gesamtsein nicht, wäre auch der Geist nicht das höchste Leben und das Gesamte.“[117]

Erich Pryzawa nannte das Christentum skandalös widersprüchlich. Müssen wir hinzufügen: Auch der Neuplatonismus ist skandalös widersprüchlich? Jedenfalls liegt seine Widersprüchlichkeit auf der Hand: 1. Je mehr etwas Einheit ist, umso wirklicher ist es ... und 2. letztlich wahrhaft „wirklich“ ist nur das Nicht-Eine, das „Übereine“. Soll man Plotin also so verstehen: Dort „oben“, im Namenlosen, im „Nicht-Einen“, im „Übereinen“ sind Wahrheit, Leben und Sein „begründet“ – hienieden, im Geteilten, ist nur Schein, nur Tod, nur „Nichts“? Es ist wohl dem Holismusgedanken geschuldet, wenn Neuplatonisten zwar das „Unnennbare“ weit hoch hinausheben in den allerhöchsten Himmel, den letzten Verbindungsfaden zwischen Welt und Überwelt aber nicht auch noch zerschneiden. Trotz aller neuplatonischen Prinzipien, die den Menschen zur Ahnungslosigkeit hinsichtlich der Heilsgewissheit verurteilen, darf der Mensch seine Fragen stellen und dabei seine „weltüberlegende“ Personalität entdecken, die wahrhaft schöpferisch ist, nicht unähnlich der Schöpferkraft des „Urgrundes“. Die Hochkultur des Menschen, all seine wissenschaftlichen, technischen Errungenschaften zeugen von seiner „Gott-Ähnlichkeit“. Ist er deswegen in jenen hohen, „jenseitigen“ Sphären wahrhaft zu Hause? Die Mystiker, die Plotin gern über die Schulter schauen, sind davon fest überzeugt. Die kontingente Einzelpersönlichkeit, die geschäftstüchtig ist, sich sorgt, plagt und sich da-

[117] Plotin, Ausgewählte Schriften, Philipp Reclam Verlag, Stuttgart, 1973, S. 50.

bei von Gott abwendet, sei hingegen wesenlos und hinfällig. Fällt sie nämlich durch ihre freie Entscheidung gegen Gott aus dem Ganzen heraus, so wird sie durch den ihr auferlegten zeitlichen Wandel von einem „Nichts“ zum anderen „Nichts“ getrieben. Seinen „Halt“ (sein „Heil“) finde der Mensch nur im „Aufgehen“ in die Alleinheit, im Loslassen, in der Abgeschiedenheit. Wir erinnern an gleichlautende Äußerungen von Hans-Peter Dürr auf Seite 85.

Auf die Widerrede der Gotteslästerer musste niemand lange warten. Es sei absurd, alles Handeln, alles Denken einzuschränken und sich dafür dem Unfassbaren, dem Unbegreiflichen zuzuwenden, kritisierten sie.[118] Wer dem „Überirdischen“ all seine Aufmerksamkeit widme und das Machbare verachte, der sei ein verblendeter Narr und kein Heilsbringer. So sollen wir leben: untätig, ungesellig, unpolitisch, nur dem Nicht-Wissen vom „Höchsten“ verpflichtet? „Weltenretter“ raufen sich die Haare, wenn die ihnen zugerufenen Vorwürfe auch noch ins Detail gehen: Für den heutigen Menschen „ist nur wirklich, was sich messen und technisch verwerten lässt; ... Kunst, Literatur, Religion lehnt er zwar nicht einfach ab, ... aber sie zählen für ihn nicht als Beschäftigungen mit etwas, was im vollen Sinne wirklich ist. Sie verschönen das Leben und erleichtern es. Im Grunde gelten sie als eine Flucht aus der harten Wirklichkeit in eine unwirkliche Wunschwelt. Als solche sind sie nützlich, wenn auch, das gilt besonders von der Religion, etwas minderwertig sind etwas, dessen man sich eigentlich zu schämen hat.“[119] Um die Erregung noch weiter zu steigern, fügen die „seligen Erlöser“ hinzu: „So ist der Mensch nicht Mensch ohne irgendein Heilsverlangen. Wo diesem der Weg nach oben versperrt ist, verirrt es sich in die Niederungen des menschlichen Seins. Wo aber dem Menschen jede Möglichkeit des Seins genommen scheint, empfindet er das Dasein als sinnlos. Er gerät in die Verzweiflung, die schon das beginnende Unheil ist. Aus ihr kann er dann nur einen einzigen Ausweg sehen: die Vernichtung

[118] Ihre Unerschrockenheit machte Blaise Pascal sprachlos: „Nichts ist für den Menschen wichtiger als die Lage, in der er sich befindet, nichts ist mehr zu fürchten als die Ewigkeit, und deshalb ist es nicht natürlich, wenn man Menschen findet, die unberührt bleiben bei dem Gedanken an den Verlust des Daseins und an die Gefahr ewigen Elends. Sie verhalten sich sonst völlig anders, sie haben Furcht selbst vor dem Harmlosesten ... Es ist ungeheuerlich, daß man in ein und demselben Herzen gleichzeitig diese Empfindlichkeit für das Nichtigste und diese rätselhafte Unempfindlichkeit für das Höchste findet. Das ist eine unbegreifliche Verzauberung und eine übernatürliche Einschläferung, die eine allmächtige Gewalt offenbart, die sie verursacht.“ B. Pascal, Fourier Verlag, Wiesbaden, 2001, S. 104.

[119] A. Brunner, Die Religion, Verlag Herder Freiburg, 1956, S. 64.

des sinnlos und ausweglos gewordenen Daseins. Das Unheil ist seinem Wesen nach zerstörerisch, voller Haß gegen sich selbst und gegen alles andere. Zeiten, in denen die Heilshoffnung schwach geworden ist, sind darum nicht aufbauend, sondern niederreißend, nicht schöpferisch, sondern unfruchtbar. Das Heil bedeutet eine grundlegende Verwandlung des Menschen und seiner Stellung zur Welt. Aber das Entscheidende vollzieht sich im Ungegenständlichen. Darum kann es nicht wie ein Weltzustand als Zweck angestrebt werden. Alle Ideologen, die immer einen solchen Zustand der Welt zum Gegenstand haben und glauben, durch bloße innerweltliche Veränderungen das Heil herbeiführen ... zu können, gehen darum in die Irre.“[120]

Die lebensphilosophischen Auffassungen der Atheisten und Theisten, der Materialisten und Idealisten, der Nihilisten und Neuplatoniker liegen von Anbeginn an so weit auseinander, dass der Meinungsaustausch zwischen ihnen stockt. Im Fokus der Auseinandersetzung stand und steht der Seelenbegriff. Nach Angaben der Mechanisten ist die Seele mit der Funktion eines Gerätes vergleichbar. Solange die Feder noch Spannkraft hat, tickt die Uhr und zeigt die Zeit an. Solange der Organismus noch lebt, erfolgt der Stoffwechsel und werden Reaktionen auf äußere und innere Reize sichtbar. Im Merkheft der Mechaniker steht: Die Seele ist die Erscheinungsweise eines „Denkgerätes“. Dem widersprechen Mystiker leidenschaftlich und mit Aufbietung allen Tiefsinns. Umgekehrt verhalte es sich. Nicht die Seele sei sekundär und nichtig, sondern das Substrat, das Denkorgan, der geronnene „Seelenfeinstoff“. Gelehrte aller Epochen und Kulturkreise machten auf die Unversöhnlichkeit dieser Kontroverse immer wieder aufmerksam[121] und arbeiteten die Grundfragen heraus, die dem metaphysischen Denken aufgegeben sind. Meister Eckhart verstand es, sie bündig zusammenzufassen:[122]

> „Drei Dinge hindern den Menschen, so daß er Gott auf keinerlei Weise erkennen kann: Das erste ist Zeit, das zweite Körperlichkeit, das dritte Vielheit. Solange diese drei in mir sind, ist Gott nicht in mir noch wirkt er in mir in eigentlicher Weise.“

[120] Ebenda, S. 198.

[121] Meister Eckhart schrieb: „Der innere und der äußere Mensch sind so weit voneinander verschieden wie Himmel und Erde.“ Meister Eckhart, Deutsche Predigten und Traktate, Hrg. J. Quint, Diogenes, München, 1963, S. 272.

[122] Ebenda, S. 208.

Überzeugend wurden die alten mechanisch-materialistischen Begriffe „Körperlichkeit“ und „Vielheit“ durch fundamentale Erkenntnisse der modernen Quantenphysik naturphilosophisch problematisiert. Einige wissenschaftliche Argumente zur Bekräftigung dieser Schlussfolgerung bilden den Inhalt des Kapitels „Quantenphysikalismus“. Beim Nachdenken über die Seele des Menschen maß Meister Eckhart dem Zeitproblem sogar eine noch größere Bedeutung zu als der Ontologie. Auch auf der Prioritätenliste der physikalischen Grundlagenforschung stehen theoretische Untersuchungen zum Wesen der Zeit an oberster Stelle.[123]

Die klassische Newton'sche Lehre von der absoluten Zeit ist nicht minder weit von den modernen Zeitbegriffen der spekulativen Theorien zur Quantengravitation entfernt als die mechanisch - materialistischen und metaphysischen Ideen von der Ewigkeit des Weltganzen. Nicht anders als zum Seinsproblem äußern sich Mechanisten zum Zeitbegriff verblüffend einsilbig: Die Zeit sei absolut. Mögen immer wieder neue Welten entstehen und vergehen, in denen Partikel ausgehustet oder verschluckt werden können, der tickenden Zeit sei das einerlei. Auf nur zwei Dinge achte sie: Zu jedem Gestern gibt es ein Vorgestern, zu jedem Morgen gibt es ein Übermorgen. Sie kennt nur den immer wiederkehrenden Dreiertakt: gestern, heute, morgen. Dieser von minus Unendlich herkommende und auf plus Unendlich zulaufende Zeitpfeil weist jedem Ereignis ein grundsätzliches Wesensmerkmal zu – vergänglich und daher nichtig zu sein. Wenn nicht morgen, so doch ganz gewiss übermorgen ist alles „vergessen“, hat sich alles in der unendlichen Wiederkehr des Gestern und Vorgestern verloren. Ob es jemals oder niemals existierte, macht am Ende keinen Unterschied. Und war es noch so ohrenbetäubend, das Säbelrasseln der Machthaber und das Wehklagen der Opfer, rasch ist es verklungen auf einer Zeitskala, die nicht endet, die unendlich „ist“. Lauter kann der Mensch seine Verzweiflung nicht ins Universum schreien.

Einen Ausweg aus dieser Finsternis suchte der deutsche Philosoph Friedrich Wilhelm Joseph Schelling. Den Lehrern der orthodoxen mechanisch-materialistischen Zeitauffassung hielt er die Philosophie der Weltalter entgegen. Der Kerngedanke seiner Weltalterphilosophie widerspricht dem atheistischen Glaubensbekenntnis von der Sinnlosigkeit des Weltganzen, er widerspricht der Formel: ... es war einmal vorhanden und ist nun verschwunden, als sei es nie gewesen. Statt Gott anzuwei-

[123] Auf die physikalischen Probleme gehen wir hier nicht ein. Eine Einführung gibt der Abschnitt „Haben wir ein Zeitproblem“ meines Buches „Ist die Philosophische Theologie am Ende?“.

sen, das Abfließen der Zeit ins Unendliche dadurch abzubrechen, dass Zeit nach seinem unerforschlichen Willen just „entsteht“, identifizierte Schelling Gott mit dem „Ursprung“ der Zeit. Seine Idee fasste er so zusammen: Die Zeit entstammt aus dem Zeitlosen und ist aufzufassen als ein einheitliches, organisches Geschehen dreier Weltalter. Zeitlichkeit muss als eine geschlossene *organische* Gesamtheit begriffen werden. Nicht die mechanistische Metapher, die das Bild einer ewig tickenden Zeitmaschine nahelegt, erhellt das wahre Wesen der Zeit, sondern der Vergleich mit einem Organismus, der nach den „Vorstellungen“ einer Gottheit entworfen wurde und seine Lebensalter hat. Schelling sprach von einer vorweltlichen Vergangenheit (Jugend), von der Gegenwart und einer nachweltlichen Zukunft (Alter).

Da er mit seiner grandiosen Zeittheorie das Werden des Werdens thematisierte, konnte er dabei Zirkelschlüsse vermeiden? Wie kann Zeit aus Zeitlosigkeit „hervorgehen“, da doch der Begriff „Hervorgang“ den Zeitbegriff bereits voraussetzt? In der Tat fand Schelling keine befriedigende Lösung dieses Problems. Er schrieb viele Entwürfe seiner Weltalterphilosophie, einen Abschluss fand er nicht. Vielmehr gestand er die Vorläufigkeit seiner spekulativen Ideen zum Zeitproblem ein: „Ich habe gewagt, die Gedanken, welche sich mir über das Organische der Zeit der drey großen Abmessungen derselben, die wir als Vergangenheit, Gegenwart und Zukunft unterscheiden, durch oft wiederholte Betrachtung gebildet haben, schriftlich aufzuzeichnen; doch nicht in streng-wissenschaftlicher, nur in leicht mittheilender Form, damit sie die Unvollständigkeit ihrer Ausbildung selbst anzuerkennen scheinen.“[124] Nicht die gebotene Wertschätzung der Schelling'schen Weltalterphilosophie steht auf unserem Programm, sondern die Illustration seiner Grundgedanken.

Ein Bild (das immer lügt) stellen wir an den Anfang (siehe Abbildung 0.5.2). Rücksichtslos verkündete Schelling seine Idee vom „Anfang“ und „Ende“ der Zeit. Nichts setze sich unendlich fort, nichts werde aus dem Nichts auf die Weltbühne geworfen noch im Nichts zum Verschwinden gebracht. Zeit selbst „entsteht“ und „vergeht“. Verständlich wird diese scheinbar absurde Behauptung erst, wenn die wahre Bedeutung des Zeitbegriffs nach und nach erschlossen wird, wenn auf dem Weg des Erkenntnisfortschritts der Einheitsgedanke immer klarer hervortritt, dass nämlich Raum, Zeit und Materie letztlich ihre Gegensätzlichkeit einbüßen. Schelling nennt das, was nicht mehr durch das vergangene

[124] F.W.J. Schelling, Sämtliche Werke, Biederstein und Leibniz Verlag, München, 1946, S. 13.

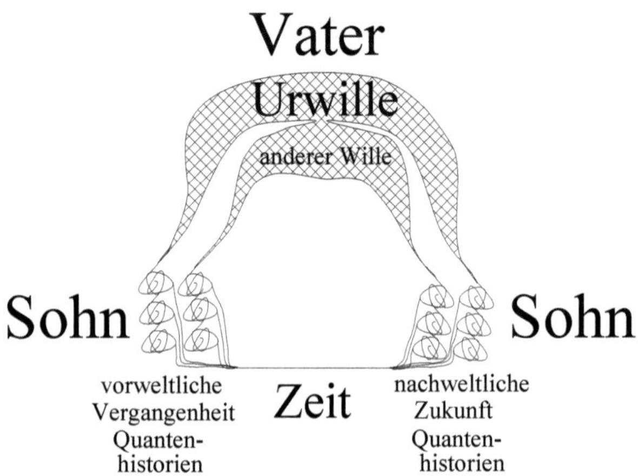

Abbildung 0.5.2:
Schema zu Schellings Idee der Weltalter. An oberster Stelle steht der „Vater“, der in sich ruhende Urwille, das Zeitlose, in dem allerdings Elemente eines „Urdialogs“ bereits angelegt sind. Die Konturen eines Kontrahenten, eines anderen Willens zeichnen sich ab. In der Zeitlosigkeit ist eine sich ausweitende Polarität eingebettet. Darin trifft ein „friedfertiges Nebeneinander“ auf „heftige Turbulenzen“, „chaotische Rotationen“ und „Streitigkeiten“, die schließlich einen weiteren Willen im Kreis der Ewigkeiten „hervorbringen“, nämlich den „Sohn“, der die zeitliche Wirklichkeit als Möglichkeit vorwegnimmt. Die vorweltliche Vergangenheit und die nachweltliche Zukunft sind jeweils Gesamtheiten, aus denen sich der „dünne Faden“ der klassischen Zeit durch „Verdrillung“ erst bildet. Vom quanten-physikalischen Standpunkt aus betrachtet korrespondieren die vorweltliche Vergangenheit und die nachweltliche Zukunft zu den konsistenten und inkonsistenten Bündeln quanten-mechanischer Historien. Schließlich ist der „heilige Geist“ im Schellingschen System der gesamte Bauplan der Konstruktion.

Ticken einer Uhr geordnet wurde, die vorweltliche Vergangenheit – eine „Zeit“, als es Zeit im herkömmlichen Sinne nicht gab.[125]

Dieser verstörende Gedanke des bedeutenden idealistische Philosophen Deutschlands, dass Zeit „entstehen“ kann, ja „entstehen“ muss, ist der modernen Physik, nach Einsteins grandiosen Entdeckungen, nicht fremd.

Gemäß seiner Allgemeinen Relativitätstheorie gilt unter plausiblen und allgemeinen Voraussetzungen ein Theorem, nach dem jedes Einstein'sche kosmologische Modell eine Raum-Zeit-Singularität aufweist. Bewiesen wurde diese grundlegende Behauptung von den Physikern Hawking und Penrose. Nach der klassischen Einstein'schen Theorie hat das gesamte Universum, bestehend aus Raum, Zeit und Materie, also einen gemeinsamen Ursprung, nämlich den singulären Anfangszustand (den „Urknall“), einen Zustand „unendlich“ hoher Energie.[126] Nach dem Urknall-Modell ist das heutige quasi-klassische Erscheinungsbild des Kosmos das Ergebnis einer Entwicklung mit mehreren Zwischenstationen. Anfangs war das gesamte Universum so heiß, dass der nichtklassische, reine Quantencharakter aller Ereignisse ebenso allgegenwärtig war, wie er es heute noch im atomaren Bereich ist. Lebensdienlich war diese Anfangsphase beileibe nicht. Es fehlten Dinge, es fehlten definitive individuelle Historien. Noch „früher“ gab es nicht einmal das zeitliche Ordnungsschema. Auf vielfältige Weise verschränkte, „immaterielle Gebilde“ ersetzten die Körper; unzählige Bündel von Historien, die zueinander kompatibel oder sogar inkompatibel waren, ersetzten den einzigartigen Fortgang vom verschwundenen Gestern über das Heute

---

[125] Den neuplatonischen Charakter der Schelling'schen Weltalterphilosophie belegen zahlreiche Textstellen in den Enneaden. „Würden wir nun lehren, das Weltall sei, nachdem es zuvor nicht vorhanden gewesen, an einem bestimmten Zeitpunkt zur Entstehung gelangt, dann würden wir mit solcher Lehre in der Vorsehung des Alls nichts anderes erblicken als die ... Vorsehung der Teildinge ... Da wir aber unserem Weltall vielmehr zuschreiben, daß es immer gewesen und niemals nicht gewesen ist, so müssen wir folgerichtig die Vorsehung für das All darin erblicken, daß es dem Geist gemäß ist und daß der Geist vor ihm ist; nicht als wäre der Geist der Zeit nach früher, sondern in dem Sinne, daß er vom Geist herstammt, daß der Geist dem Wesen nach früher und sein Urheber ist ... während das All nur Nachbild ist und erst vermöge des Geistes existiert und ewig neu in die Existenz tritt.“ Plotin, Ausgewählte Schriften, Philipp Reclam jun., Stuttgart, 1973, S. 203/204.

[126] Die Vorhersage eines ursprünglichen Weltzustandes mit divergierender Raum-Zeit-Krümmung weist auf die Anwendbarkeitsgrenzen der Einstein'sche Theorie hin. Sie muss durch eine verbesserte Theorie ersetzt werden.

hin zum ungewissen Morgen. Aber auch dieses unvorstellbare Schauspiel fassen Physiker neuerdings als „geworden“ auf. Im „Anfang aller Anfänge“ bevölkerten lediglich masselose Partikel die Welt, also „Teilchen“, die vom Zeitschema völlig entbunden sind,[127] mit denen Zeit grundsätzlich nicht definiert werden kann. Erst durch einen Symmetriebruch erhielten „Gebilde“, die mit den masselosen „Urteilchen“ (dem Higgsfeld) wechselwirkten, ihre Masse, erst in diesem „Moment“ „entschloss“ sich die Ewigkeit, Zeit zu „erschaffen“. Die „Schöpferkraft“ des masselosen, zeitlosen Ursprungsuniversums entschied sich, massive Teilchen zu erzeugen, die als Uhren verwendet werden können.[128] Am Anfang war die Ewigkeit, die vom Higgsmechanismus bedrängt, Zeit „gebar“, ohne jedoch ihren ganzheitlichen Charakter dadurch zu verlieren. Das Urknallmodell der kosmischen Entwicklung ist das naturwissenschaftliche Pendant zu Schellings philosophischer Idee von der vorweltlichen Vergangenheit. Erst ein vertieftes Verständnis des Zeitbegriffs ermöglicht es den naturphilosophisch interessierten Protagonisten – Physikern wie Philosophen – über das „Werden“ des Werdens ernsthaft nachzudenken und darüber Vermutungen zu äußern. Erst wenn der Zeitbegriff in einen weiten, das mechanistische Schema übersteigenden Zusammenhang gebracht wird, kann überhaupt das „Entstehen“ des Entstehens thematisiert werden. Die Verallgemeinerung des Zeitbegriffs wurde von Schelling und wird von der modernen Physik so weit getrieben, dass er vom Begriff „Zeitlosigkeit“ kaum mehr unterscheidbar ist. Das neuplatonische Erklärungsmuster ist auch hier wieder erkennbar: Werden die Wesenheiten durch „geläuterte“ Begriffe immer tiefgründiger erschlossen, so gleichen sich die Begriffe immer weiter an, bis sie zur „großen Einheit“ verschmelzen.

Wie verhält es sich nun aber mit der Zukunft – wird auch deren mechanisches Einerlei irgendwann einmal gebrochen? Entwickelt sich aus der gegenwärtigen, sinnlich wahrnehmbaren Welt jemals wieder ein reiner Quantenkosmos, in dem der lokale Zeitpfeil auseinandergerissen wird

---

[127] Für einen reinen „Strahlenkosmos“ (es gibt in ihm keine Teilchen, die eine Ruhemasse haben) ist die metrische Raum-Zeit-Struktur konform, d.h. Orts- und Zeitabstände sind nicht definiert. Von einer lokalen raum-zeitlichen Skalenänderung „merken“ masselose Teilchen nichts. Ob die raum-zeitlichen Maßstäbe gigantisch vergrößert oder verkleinert werden, ändert nichts in dieser Welt ohne Uhr und ohne Bandmaß. Doch wehe, es befindet sich in ihr auch nur ein einziges radioaktives Atom (also ein Teilchen mit Masse): es macht einen Unterschied, ob ihm einhundert oder einhunderttausend Jahre gegeben werden, um im Mittel endlich einmal radioaktiv zu zerfallen.

[128] Gemäß der Gleichungen für die Energie $E = mc^2 = h\nu$ verhält sich jedes massebehaftete Teilchen wie eine „Uhr“ mit der Taktfrequenz $\nu = mc^2/h$.

und die vielen Bruchstücke (die Familien der Quantenhistorien) in noch fernerer Zukunft im Zeitlosen verschwinden? Kann es aus naturwissenschaftlicher Sicht eine „nachweltliche“ Zukunft überhaupt geben?

Zwei grundsätzlich verschiedene Szenarien sind gemäß der Einstein'schen Kosmologie denkbar. Einmal ist es das geschlossene Friedmann'sche Weltmodell, das zur Schelling'schen Weltalterphilosophie korrespondiert. Aus einem heißen Urknall-Zustand, aus der ursprünglichen Zeitlosigkeit heraus, expandierte das Universum bis zur „Erschöpfung“. Es schließt sich die Kontraktionsphase an; das Universum wird heiß und immer heißer bis am Ende alle Teilchen „verdampfen“, bis nur noch etwas Masseloses übrig bleibt, so dass die Zeit zukünftig verschwindet. Von der „Ewigkeit“ der „vergangenen Vorwelt“ bis zur „Ewigkeit“ der „zukünftigen Nachwelt“ erstreckt sich das Weltgeschehen nach diesem kosmologischen Modell, wie Schelling es zuvor genial mutmaßte.

Himmelsbeobachtungen sprechen allerdings für die anderen Lösungen der Einstein'schen Gleichungen, die eine fortwährende (sogar exponentielle) Expansion des Kosmos beschreiben. Danach strebt alles dem Kältetod zu und nicht dem Hitzeschock, den es am Anfang gab. Das bedeutet: alles wird eingefroren, niemals „verdampft“ mehr etwas. Den immer müder tickenden Atomen kann die Umgebung immer weniger „hineinreden“, weil sich alles hurtig weit und immer weiter voneinander entfernt. Wenn aber Uhren ticken, wie „lustlos“ auch immer, dann ist Zeit und keine Zeitlosigkeit. Scheitert also aus physikalischer Sicht Schellings Weltalterphilosophie, weil in Zukunft immer etwas tickt und damit immer Zeit sein wird? Wie kann das an Kälte gestorbene aber noch tickende Universum den Weg zurück finden zum zeitlosen Hitzezustand seiner Geburt?

Das scheinbar Unmögliche ist doch möglich. Stephen Hawking fand plausible Argumente dafür, dass schwarze Löcher sehr langsam strahlend zerfallen. Wenn nun nach sehr langer Zeit auch allen Kernbausteinen dieses Schicksal widerfährt, dann verliert letztlich auch der „eingefrorene“ Kosmos die Fähigkeit, Zeitintervalle und Abstände zu „messen“. Dann ist die Geometrie der Raum-Zeit konform, dann verwandelt sich Zeit in Zeitlosigkeit. In diesem „Moment“ kann das gigantisch große „Gummiband-Universum“ bis auf einen winzigen Punkt zusammengezogen werden, ohne dass dies „jemand“ bemerken würde. Die Abbildung 0.5.3 illustriert eine stereographische Projektion (konforme Transformation) von „unendlich groß“ auf „unendlich klein“. Das „unendlich“ ausgedehnte, kalte Universum ist nach dem endgültigen Verschwinden aller Teilchen mit Masse vom kollabierten, heißen Universum

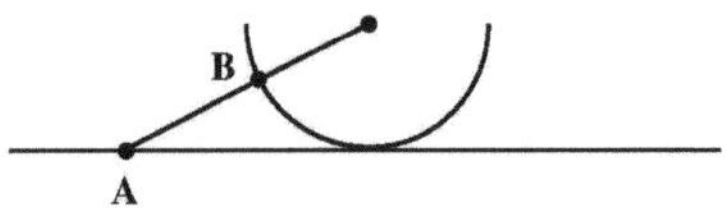

Abbildung 0.5.3:
Jedem Punkt A der unendlich langen Geraden wird ein Punkt B auf dem Halbkreis vermittels einer konformen Abbildung zugeordnet. Der Halbkreis ist verschwindend kurz (wie ein winziger Punkt) verglichen mit der unendlich langen Geraden. Das Bild suggeriert: Das „ganz Kleine" kann zum „ganz Großen" korrespondieren – der „unendlich" aufgeblähte Kosmos kann physikalisch äquivalent sein zu einer auf einen Punkt zusammengestauchten Welt während des Urknalls.

des Anfangs nicht mehr zu unterscheiden (ähnlich wie die Abbildung 0.5.3 die Äquivalenz von „unendlich klein" und „unendlich groß" illustriert). Wenn also in ferner Zukunft nur masselose Teilchen den kalten Kosmos bevölkern sollten, dann geriete er in dieselbe Zeitlosigkeit, die zu Beginn der „Schöpfung" bestand.[129] Selbst dem expandierenden, „unendlichen" Universum, das dem Kältetod zustrebt, steht es „frei", sich der Zeitlichkeit zu entledigen und als eine Schelling'sche nachweltliche Zukunft in die Ewigkeit einzugehen.

Nicht Wissensdurst geleitete Schelling zur Behandlung des Zeitproblems, sondern existentielle Betroffenheit. Von naturwissenschaftlichen Argumenten wollte er nichts wissen, sie seien dem Ernst und der philosophisch-theologischen Tragweite des Zeitproblems nicht angemessen. Wer mit Bauklötzchen in der Hand sich eine Welt im Sandkasten schaufelt, darf auf Erleuchtung nicht hoffen. Nur Weisheitslehrer

[129] Roger Penrose schrieb über diese mögliche kosmische Entwicklung: „Der Leser wird vielleicht fragen, ob man tatsächlich die ferne Zukunft, wo sich die Strahlung auf den absoluten Nullpunkt abkühlt und eine verschwindende Dichte erlangt, mit einer urknallartigen Explosion identifizieren darf, bei der die Strahlung mit einer unendlichen Temperatur und unendlicher Dichte beginnt. Doch durch die konforme ‚Dehnung' beim Urknall erlangen diese unendliche Dichte und Temperatur endliche Werte, und die konforme ‚Stauchung' in der unendlichen Zukunft hebt die verschwindende Dichte und Temperatur zu endlichen Werten an. Genau wegen dieser speziellen Reskalierung passen die beiden Teile zusammen, und bei der Dehnung und Stauchung handelt es sich um Vorgänge, denen gegenüber die relevante Physik auf beiden Seiten vollkommen unempfindlich ist." R. Penrose, Zyklen der Zeit, Springer Spektrum, Berlin-Heidelberg, 2013, S. 172.

können ans Ziel kommen, die wissen: „... je menschlicher wir alles nehmen, desto mehr können wir hoffen, uns der wirklichen Geschichte zu nähern.“[130] (Ein Gedanke, der im neuen Gewand vom Physiker und Mathematiker Chris Clarke ausgesprochen wurde (siehe Seite 69).) Demzufolge spricht Schelling in seiner Philosophie der Weltalter nicht von Urkräften, sondern von Urwillen und nicht von Wechselwirkungen, sondern von Urformen eines Dialogs. Nicht den Naseweis will er belehren, sondern Sinnsuchern eine Heilsperspektive eröffnen. Und diese ergebe sich aus der Ganzheitlichkeit der gesamten Weltalterabfolge. Wegen des organischen Charakters der Zeit im Sinne der Weltalterphilosophie müsse die etablierte Zeitvorstellung grundsätzlich korrigiert werden. Da Gott der Schöpfer der Zeiten ist, trifft uns am Ende der Zeit – im Tod also – nicht Nichts, sondern Gott. Nach dieser „Auferstehungshoffnung“ ist der Tod zwar Bestandteil der geschöpflichen Ordnung, aber keine Kraft, die den lebendigen Organismus der Schöpfung vernichten könnte. In der Philosophie der Weltalter wird daher „mit dem großartigen Gedanken der Entmachtung des Todes Ernst gemacht: dieser führt ja lediglich zu einer Änderung der das Ewige der Seele nicht wesenhaft berührenden Umstände und Bestimmungen; es liegt darin eine folgerichtige Weiterführung der Lehre von der Nichtigkeit der erscheinenden Welt.“[131] Schellings selbstkonsistentes Weltzeitmodell verortet das zeitliche Dasein des Menschen in die ewigen Weltalter, wobei erst alles zusammen – Leib, Geist und Seele – in der selbstkonsistenten Ganzheitlichkeit aller Zeitalter das Wesen der Wirklichkeit offenbart. Im Diesseits lebt der Mensch unwesentlich und entfremdet, weil er erst durch die Auferstehung im künftigen Weltalter in sein wahres Wesen zurückversetzt wird, das schon immer hoch emporgehoben in Gott aufbewahrt ist. Durch die vollendete Menschwerdung, die Leib, Geist und Seele gleichermaßen umfasst, wird die Störung der ursprünglich im Urwesen angelegten Disharmonie am „Ende“ überwunden.

Ist hingegen eine „immerwährende“ Zerrissenheit das feststehende Wesensmerkmal von Raum und Zeit – dieses hier und jetzt, jenes dort und später, nichts ist beständig –, dann ist die Nichtigkeit des ganzen Welttheaters verbrieft. Darin sind sich wortgewandte Nihilisten mit tiefsinnigen Mystikern einig. Klare Worte fanden nicht nur spöttelnde Unheilslehrer[132], sondern auch der umtriebige Kirchenlehrer Meister

[130] F.W.J. Schelling, Sämtliche Werke, Biederstein und Leibniz Verlag, München, 1946, S. 10.

[131] W. Heinrich, Schellings Lehre von den letzten Dingen, Stifterbibliothek, Salzburg, 1955, S. 43.

[132] „Denn die Zeitlichkeit führt ein Moment des Nichts ins Werden ein, weil alles,

Eckhart: „Alle Kreaturen sind ein reines Nichts. Ich sage nicht, daß sie geringwertig oder überhaupt etwas seien: sie sind ein reines Nichts. Was kein Sein hat, das ist nichts.“[133] Doch schon der erläuternde Nachsatz eröffnet eine neue Perspektive, die Unheilslehrern fremd ist: „Alle Kreaturen haben kein Sein, denn ihr Sein hängt an der Gegenwart Gottes.“ Für die einen ist die Zerrissenheit der Welt sinnlich-anschaulich verbürgt und rational unbestreitbar, für die anderen offenbart sich das *Wesen* von Raum, Zeit, Materie aber auch Seele erst in einer alles Kreatürliche übersteigenden, metaphysischen Gedankentiefe. Sie hadern mit dem Unendlichkeitsbegriff, mit dem Nihilisten leichten Herzens hantieren. Die vermeintlich axiomatische „Grundwahrheit“ (unendlich oft habe sich etwas ereignet und wird sich etwas ereignen) lassen sie eigensinnig nicht gelten. Für sie ist Religion nicht Sinn und Geschmack für das Unendliche, sondern Sinn und Geschmack für das einheitliche Ganze. Hierher gehört die Weltalterspekulation Schellings, die sich der nihilistischen Weltauffassung entgegenstellt und hoffnungsfroh das Seelenheil predigt. Wenn sich der „Zeitpfeil“ nicht im ewigen früher und später verliert, wenn er sich damals aus einer vorweltlichen Vergangenheit erst bildete und sich irgendwann in einer nachweltlichen Zukunft auflösen wird, wenn sich der Kreis durch Zeitlosigkeit schließt, dann fallen Erscheinung und Wesen der Zeit weit auseinander. Mystiker behaupten, die Zeit habe eine ganzheitliche Tiefendimension. Die zeitliche Erscheinungsform der Körper zeigt nicht ihr „wahres“ Wesen; die zeitliche Erscheinungsform der Seele zeigt ebenfalls nicht ihr „wahres“ Wesen. Für Mystiker steht im Zentrum ihrer Welt- und Lebensauffassung die selbstkonsistente Ganzheitlichkeit der Weltzeitalter. Dinge, die dem Wandel unterworfen sind, sehen sie von einer „hohen“ Warte aus eingebettet und aufgehoben in einer ungeteilten Ganzheit, die mit den alten Begriffen Raum, Zeit und Materie nicht adäquat beschreibbar ist. Ihr ringen mit den Existenzfragen zwingt Mystiker, sich von der Frosch- zur Vogelperspektive aufzuschwingen. Ein Begriff ist ihnen dabei unverzichtbar: „Gott“. Gott steht für die Einheit der Welt, aus der nichts herausfallen kann, er steht für das „Wort im Anfang“, dem sich alles verdankt; er steht nicht für „aktuale“ Unendlichkeiten, in die sich alles zerstreut. Erneut hilft Meister Eckhart's treffsichere Wortwahl, die Ansicht der Mystiker prägnant auszudrücken: „Im innersten Quell, da

was sich in der Zeit verbraucht, implizite seine Unbeständigkeit beweist.“ E.M. Cioran, Auf den Gipfeln der Verzweiflung, Suhrkamp Verlag, Frankfurt am Main, 1989, S. 119.

133 Meister Eckhart, Deutsche Predigten und Traktate, Herausgeber J. Quint, Diogenes, Carl Hanser Verlag, München, 1979, S. 171.

quelle ich aus im Heiligen Geist; da ist *ein* Leben und *ein* Sein und *ein* Werk ... Weil der Vater (nur) *ein* Werk wirkt, darum wirkt er mich als seinen eingeborenen Sohn ohne jeden Unterschied."[134] Des Menschen Leib und Seele fasst der Mystiker nicht als Erscheinungsformen von verhedderten Kohlenwasserstoff-Verbindungen auf, vielmehr sind letztlich beide – Leib und Seele – „eingeschmolzen" in der göttlichen Einheit.[135] Durch Betonung der selbstkonsistenten Ganzheitlichkeit des Weltgeschehens attackieren Mystiker alle auf das „Irdische" bezogenen Lebensmaximen. Die alltäglichen Sorgen sollen auf Abstand gehalten werden, damit wir auf Gott zugehen können und er auf uns zugehen kann. Dabei ist es erschreckend, wie rigoros mitunter diese Forderung von Religionsphilosophen erhoben wird.

> „Leer sein aller Kreatur heißt Gott voll sein, und voll sein aller Kreatur heißt Gott leer sein." Meister Eckhart.

Erläutert wird dieses Glaubensbekenntnis so: Jede Kreatur ist nur in Gott (in der großen Einheit) wahrhaft vorhanden, wahrhaft zu erkennen und wahrhaft zu würdigen, da sie nur in Gott wahrhaft existiert. Unbeirrt setzt sich der Mystiker über alle „diesseitigen" Verstandeskategorien hinweg, verklärt sie, um ihnen ihre wahre Stelle in der „großen Einheit" (Gott) anzuweisen. Wenn alles zusammengehalten wird durch das einheitliche „Urwort Gott", wenn es, genauer gesagt, eingeschmolzen ist in der großen intelligiblen Einheit und nicht ausgelöscht wird in einem sinnlosen unendlichen Reigen tanzender Steinchen, dann muss über alle letzten Dinge neu und tiefgründig nachgedacht werden.

Zuallererst geht es um die „wahre Gestalt" der menschlichen Seele – abgeleitet davon, geht es um die Menschenwürde. Mystiker unterscheiden die wahre von der wahrnehmbaren Gestalt. Die wahre Gestalt ist ideeller Natur und nur ihr wird das Primat zuerkannt. Erscheinungen, die sich den Sinnen kundtun, täuschen nur vor, wesentlich zu sein. Ihr tatsächliches Wesen aber erschließt die Menschenseele nicht vermittels der Sinnesorgane, sondern vermittels der Vernunft. In der Vernunft allein spiegelt sich erst der immaterielle Urgrund aller Wirklichkeit, in ihr spricht sich das „im Anfang war das Wort" aus. Mystiker bekennen: „Der Seelengrund ist die reine Vernunft, nicht mehr als Creatur oder

---

134 Ebenda, S. 185.

135 „Das Auge, in dem ich Gott sehe, das ist dasselbe Auge, darin mich Gott sieht; mein Auge und Gottes Auge, das ist *ein* Auge und *ein* Sehen und *ein* Erkennen und *ein* Lieben." Ebenda, S. 216.

Eigenschaft der Creatur gedacht, sondern als eins mit dem Absoluten selber."[136]

Da jede Kreatur nicht anders als mit der Gottheit „verwachsen" vorhanden ist, kann nicht angestrengtes Hinschauen, wohl aber vernunftgeleitetes Nachdenken die kreatürlichen Gestalten in Gott sukzessive immer treffsicherer dingfest machen. Dieses Gewahrwerden des Wesens der Erscheinung, was die Spannweite der nur „greifbaren" Wirklichkeit erheblich erweitert, gehört selbst zur Schöpfung und kann durchaus als eine eigentümliche „Selbsterkenntnis" Gottes aufgefasst werden. Wahre Erkenntnis sei nicht einfach ein „Meinen", vielmehr ist sie Bestandteil der Schöpfung, was alle Produkte der technischen Zivilisation durchaus bezeugen. Die ganze Geistesgeschichte verstehen Mystiker so, dass Gott, der sich selbst in dem von ihm geschaffenen Zeitregime sucht, zwingend auch finden muss, allerdings nur peu à peu. Sie nennen es eine „Selbstoffenbarung" Gottes und im Fokus seiner „Lieblingsbeschäftigung" (die Selbsterkenntnis) steht die Menschenseele, genauer ihr innerster Kern. Durch ihr Vernunftvermögen sichert sich die menschliche Seele ihren Platz am „Tisch" des „Weltenherrschers". Manche Mystiker sind so enthusiastisch, dass sie auch das Spiegelbild dieses Befundes gelten lassen: „Gott liebt die Seele so stark, daß, wenn man es Gott nähme, die Seele zu lieben, man ihm sein Leben und sein Sein nähme und Gott tötete, sofern man so etwas sagen dürfte ...".[137]

Vom naturphilosophischen Standpunkt aus bereicherte der polnische Philosoph, Michael Heller, die verheißende Metapher der Mystiker. Das Bild der Schelling'schen Weltalterphilosophie malte er weiter aus. Nach Schellings Vorstellung wird auf der zeit- und ortslosen Bühne des ursprünglichen, göttlichen Welttheaters plötzlich der Vorhang aufgezogen (Urknall), damit dem „Publikum" ein Spektakel vorgeführt werden kann. Da das Theater anfing, muss es enden – und zwar für „immer" wie es zuvor für „immer" geschlossen war. Im Programmheft des Schauspielhauses lesen wir: Die unendliche Einöde des „nichts geschieht" wird einen Augenblick unterbrochen, wir spektakeln, ehe der Vorhang fällt – und zwar wieder für „immer". Anders beurteilt Heller die gottgewollte Durchbrechung der „Langenweile" (d.h. das gottgewollte Schöpfungsgeschehen). Er postulierte: „Gott" bleibt überall und zu allen Zeiten im ganzen Weltall präsent, nämlich im „Funda-

[136] A. Lasson, Meister Eckhart, der Mystiker, fourierverlag, Wiesbaden 2003, S. 348.
[137] Meister Eckhart, Deutsche Predigten und Traktate, Herausgeber J. Quint, Diogenes, Carl Hanser Verlag, München, 1979, S. 344.

ment". Um ihn zu „schauen" genüge ein idealisiertes „Mikroskop", welches die Zustände in der Planckregion (10^{-33} cm) „ausleuchten" kann. Würden derartige Mikroskope überall in der Welt stehen, so berichteten alle Beobachter, dasselbe „Bild" gesehen zu haben, nämlich ein raum- und zeitloses Etwas. Der Templeton Preisträger, Michael Heller, nimmt daher an, dass nicht nur die singulären Anfangs- und Endzustände des Universums, sondern auch die ganze Welt im „ganz Kleinen" (in der Planck-Region) durch die mathematisch bereits gut ausgearbeitete nicht-kommutative Geometrie beschrieben werden kann.[138] Ähnlich wie in der Quantenphysik die Observablen, werden in der verallgemeinerten Geometrie nicht-kommutativer Räume die Basisbegriffe durch Operatoren eines Hilbertraumes definiert. Wegen der nicht-Kommutativität der abstrakten Geometrieelemente sind die so konstruierten Räume nichtlokal. Begriffe wie der geometrische Ort und dessen Umgebung haben im allgemeinen Schema der nicht-kommutativen Geometrie keinen Platz. In der Riemann'schen Geometrie, die Einstein's Allgemeine Relativitätstheorie fundiert, ist der singuläre Weltzustand (der Urknall) eine extreme und störende Besonderheit. Nicht so in der nicht-kommutativen Geometrie. Wegen ihres nichtlokalen Charakters darf die singuläre Raum-Zeit des Anfangs- und Endzustandes keine Sonderrolle mehr beanspruchen. Die „Extreme" sind nivelliert, sozusagen „eingeschmolzen" in eine einheitliche geometrische Gesamtstruktur, was mit den Abbildungen 0.5.4 und 0.5.5 nacheinander verdeutlicht werden soll. Die Abbildung 0.5.4 skizziert das Raum-Zeitdiagramm eines geschlossenen, selbstkonsistenten Weltmodells mit übereinstimmender Anfangs- und Endsingularität S der Raum-Zeit. In der horizontalen Ebene sind zwei Ortskoordinaten abgetragen; die zeitliche Abzählung erfolgt vertikal von unten nach oben. Da im singulären Weltzustand Zeit nicht ist, kann er nicht vergehen. Ist etwas Zeitloses einmal „da", dann ist es immer „da". Aber wo finden wir dieses Zeitlose heute? Nun, man muss nur an dem Ort, an dem man sich gerade befindet, das besagte Mikroskop aufstellen, den Vergrößerungsknopf auf „Planck-Skala" stellen, um das Raum- und Zeitlose zu „sehen".

Die vertikale Linie von S nach S in Abbildung 0.5.4 muss demnach auf einen Punkt zusammengezogen werden. Es entsteht ein Torus mit dem Innenradius Null (Abbildung 0.5.5). Dieses Gleichnis für das Weltganze ist philosophisch-theologisch inspirierend. Es kann nämlich die raum-zeitliche Erscheinungswelt im Vergleich zum „zeitlosen Gott" (der auf Null geschrumpfte Innenradius des Torus) nicht länger als „margi-

[138] M. Heller, Creative Tension, Templeton Foundation Press, Pennsylvania, 2003.

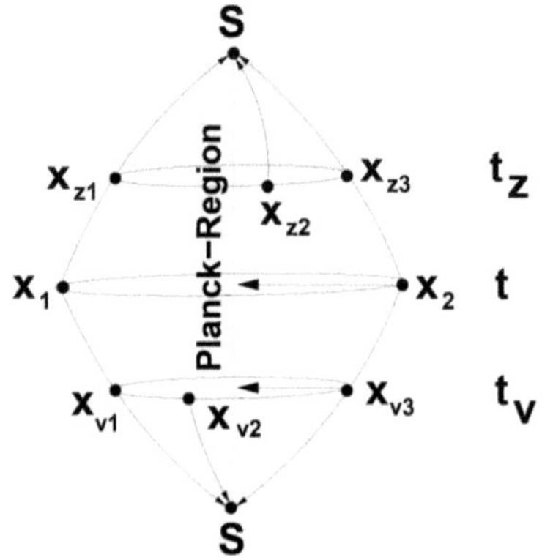

Abbildung 0.5.4:
Schematische Illustration des Heller'schen Weltmodells. Längs der vertikalen Achse verläuft die Zeit von der Vergangenheit (t_v) über die Gegenwart (t) zur Zukunft (t_z). In der horizontalen Ebene sind die Ortskoordinaten abgetragen. Der senkrechte Balken in der Bildmitte stellt die Planck-Region dar, in der nichtlokale, nicht-kommutative geometrische Verhältnisse herrschen.

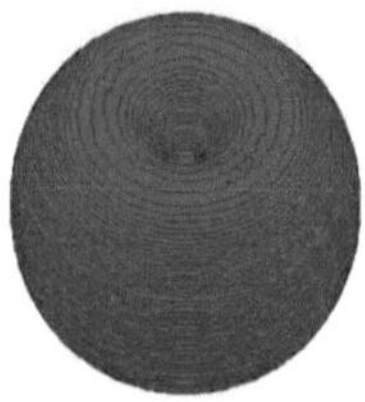

Abbildung 0.5.5:
Alle Punkte auf der Linie von S nach S in der linken Abbildung sind Bestandteile des einen raum- und zeitlosen Zustandes. Wird diese Linie daher auf einen Punkt zusammengezogen, dann entsteht ein Torus mit dem Innenradius Null. Von diesem innersten Berührungspunkt „entfalten" sich alle Dinge und Erscheinungen zum werdenden und wieder vergehenden Kosmos. Dieser eine Quellpunkt ist die sich gleichbleibende „Urknall-Singularität". Alles beginnt und endet dort – im Zeitlosen.

nal" bezeichnet werden. Vielmehr ist die Welt auch *wesentlich* kreatürlich.[139] Vielmehr sind die quasi-klassischen, raum- zeitlichen „Auswüchse Gottes" und damit auch der nur in dieser Umwelt lebensfähige Mensch, intrinsisch gottgegeben, wie es das ursprüngliche Christentum aber auch der Platonismus[140] genial verkündeten. Obgleich die menschliche Seele ausgerechnet in der Gottesferne, dort, wo alles teilbar ist, ihren spektakulären Auftritt hat, ist sie Gott dennoch so unverzichtbar, dass er sich „aufplustert", um die Seele zu erschaffen und sie mit ihren „Worten heimzurufen". „Frage deinen Herrn Jesum Christum, warum er herabgestiegen sei vom Himmel, warum er in einem Stalle wollte geboren werden, warum er mit Dornen gekrönt und mit dem schweren Kreuz beladen sei, warum er blute aus tausend Wunden und des grausamsten Todes sterbe? Jede Thräne, die er geweint, jeder Blutstropfen, den er vergossen, wird dir antworten: ‚Um deine Seele zu retten!'."[141]

Weil die raum- zeitlichen „Fransen" Gottes nicht wegzudenken sind, gibt es in Gott einen „Drall", den Trinitätslehrer zu erklären versuchen. Gott – der zeitlose Kern des Torus – ist mit seiner Schöpfung „verwachsen" (mit seinem ins Raum-zeitliche hinabsteigenden Sohn sowie mit dem ganzen Prinzip seiner selbst, mit dem Heiligen Geist). Theologen erhöhen in ihren weitergehenden Spekulationen zusätzlich noch das Ansehen der Menschenseele: „Gott erkennt sich selbst im Sohne [ein „Begreifen" in der quasi-klassischen Welt], aber der Erkannte und der Erkennende [gemeint ist der Mensch] sind Eins. Indem der Vater ausgeht in den Sohn [um sich im „Gespräch" „Klarheit" über sich zu verschaffen], geht er wieder in sich ein durch den heiligen Geist [dem Bauplan der ganzen Konstruktion]."[142]

---

139 Von den theoretischen Physikern, die diese Auffassung teilen, erwähnen wir Chris Clarke (siehe Seite 77)

140 Von der Fundamentalität des „Erscheinen-müssens" der Vielheit war Platon dermaßen überzeugt, dass er zusätzlich zum übergeordneten Prinzip des Einen ein zweites Prinzip postulierte. Jens Halfwassen schrieb dazu: „Der *Parmenides*-Dialog zeigt ... wie allein aus dem Zusammenwirken des Einen mit einem entzweiend wirksamen Zweiten alle ontologischen Fundamentalbestimmungen hervorgehen, welche die Struktur des Ideenreiches und damit die ganze Welt des Seienden konstituieren ... Die Konstitution des Seins ist so zugleich und in einem die Erhebung der Vielheit ins Sein durch ihre Einung in eine Einheit und der Abstieg des Einen ins Sein durch seine Entfaltung in eine Vielheit." J. Halfwassen, Auf den Spuren des Einen, Mohr Siebeck, Tübingen, 2015, S. 103/104.

141 P. Pinamonti, Rette deine Seele! A. Laumann'sche Verlagsbuchhandlung und Buchdruckerei, Dühnen bei Münster, 1888, S. 19.

142 H.L. Martensen, Meister Eckart, Hamburg bei Friedrich Perthes, 1842, S. 80.

Nach all den Anläufen, das „Naheliegende“ der Heilserwartung zuliebe zu problematisieren, muss abschließend gefragt werden, wie weit und wohin sind wir eigentlich „gesprungen“? Es gibt eine weltanschauliche Kernfrage, deren umstandslose Beantwortung unstrittig zu sein scheint. Die Frage lautet: Wird es einer technischen Zivilisation irgendwann einmal gelingen, eine Maschine zu bauen, die wie der Mensch vernünftig, bewusst und selbstbewusst agiert? Keine prinzipiellen Einwände sind weithin zu hören, die gegen dieses Bauvorhaben sprächen. Die Bauanleitung dafür sei sogar bestechend einfach, wird behauptet: man transferiere eine hochauflösende Momentaufnahme eines menschlichen Gehirns in einen 3D-Drucker und verbinde das fertige Produkt mit einem biologischen Versorgungssystem, das Nährstoffe bereitstellt. Nach einem ersten Anstoß wird dieser Molekülhaufen denken, fühlen und „Weltwesenheiten“ ebenso offenlegen wie ein versierter Forscher. Weit und breit sehen Transhumanisten keine grundsätzlichen Argumente gegen dieses „Machbarkeitsprinzip“. Dabei kursierten detailliert begründete Einwände in der gesamten Geistesgeschichte. Heute wissen wir: Zu den Argumenten der „Alten“ gesellen sich überzeugende Forschungsergebnisse der modernen Physik. Die Gegenposition einzunehmen ist nunmehr wieder berechtigt. Zur Begründung dieser Behauptung haben wir mühselig und emsig Wissensbausteine zusammengetragen. Was in den alten Texten steht und worauf sich Naturforscher heute erstaunt rückbesinnen dürfen, lassen wir dem Gründungsvater des Neuplatonismus zusammenfassen: „Eines also ist so [der] Geist und das Gedachte und das Seiende und dies ist das erste Seiende und ebensosehr der erste Geist, der das Seiende hat, oder vielmehr mit ihm identisch ist.“ Werner Beierwaltes gab diesem neuplatonischen Fundamentalsatz eine andere Wendung: „Denken ist demnach ausschließlich Denken des Seins ...; und Sein ist nur Sein durch das in ihm sich aussprechende Denken.“[143] Diese „ebenso komplexe wie fundamentale Selbstbeziehungsstruktur des Denkens ... wurde ... von Plotin ... zum Ausgangspunkt einer umfassenden Metaphysik gemacht ... Die Einheit des Denkens ist ... eine ursprüngliche Einheit, die nicht aus einer Synthese der in ihr unterscheidbaren Momente hervorgehen kann.“[144] Beipflichtend kommentieren philosophierende Quantenphysiker: tatsächlich ist das Ideelle ursprünglich, das Materielle abgeleitet; tatsächlich ist alles

143 W. Beierwaltes, Das wahre Selbst, Verlag Klostermann, Rote Reihe, Frankfurt am Main, 2021, S. 41.

144 J. Halfwassen, Auf den Spuren des Einen, Mohr Siebeck, Tübingen, 2015, S. 16.

Ganzheit und nur scheinbar Vielheit; tatsächlich zeigt sich im „Wesen“ des Denkens das „Wesen“ der Welt. Die Gegenposition zum „Machbarkeitswahn“ der Transhumanisten lautet also: Um auch nur ein denkendes Wesen neu „erschaffen“ zu können, müsste alles im Universum „umgegraben“ werden, müsste „Gottes Wort im Anfang“ neu ausbuchstabiert werden. Nicht weniger als eine Neuschöpfung des gesamten Kosmos wäre einem Konstrukteur aufgegeben, der auch nur eine einzige „neue Seele“ „herstellen“ wollte. Erst im Kontext dieser Weltanschauung wird verständlich: Gott kann ohne die Menschenseele nicht sein[145]; die Ermahnung, die noch immer in einigen Kirchentüren geschnitzt ist, darf ernst genommen werden: Rette deine Seele! „Diese Weise des Sich-selbst-Erkennens ist allerdings nicht eine intellektualistisch formale, für das eigene Sein und Handeln folgenlose Aktivität, sondern eine Transformation des Denkens und ethischen Verhaltens im ganzen: in ihr ‚wird‘ der Mensch durch das Denken seines eigenen Denk-Grundes selbst ein ‚völlig Anderer‘ ... Dies ist zu verstehen als Konsequenz einer radikalen Konzentration auf das Innere und Obere, auf dasjenige, was durch seine größere Intensität an Durchsichtigkeit, Evidenz und Denkkraft und damit zugleich: durch seine innigere Gefügtheit in Einheit oder Eines, als der ermöglichende und vollendende Grund der anfänglichen Denk-Tätigkeit begriffen und im Sinne einer Steigerung der Bewußtheit ergriffen werden kann.“[146]

Nun erst gelangen wir zum Umdenken vom Standpunkt der Mechanisten (das Gehirn macht die Seele) zur Aufforderung der Gläubigen – rette deine Seele: „Dieses ‚völlig ein Anderer Werden‘ übersteigt das ‚an sich‘ Menschliche, es erweist sich, sofern es dem Menschen gelingt, als ein wesentliches Element im Bewußtwerden seines eigenen göttlichen Grundes, als eine glückhafte, der Anstrengung des Begriffs sich verdankende Phase seiner ‚Vergöttlichung‘, die in der Einung mit dem Einen selbst die umfassende Veränderung seines Lebens vollendet.“[147]

[145] Meister Eckhart: „Gott liebt die Seele so stark, daß, wenn man es Gott nähme, die Seele zu lieben ... [ihn] ... tötete.“

[146] W. Beierwaltes, Das wahre Selbst, Verlag Klostermann, Rote Reihe, Frankfurt am Main, 2021, S. 81.

[147] Ebenda, S. 101.

„... da Gott aber nicht ohne den Menschen sein will und die menschliche Natur zum Mittel gesetzt hat für die Offenbarung des ewigen Sohnes, so ist die Bestimmung der menschlichen Natur den Sohn zu offenbaren, die Einheit göttlicher und menschlicher Natur zu verwirklichen.“ M. Martensen, S. 99.

0.6 Anhang: Quantisierung des elektromagnetischen Feldes

Gemäß der Schrödinger'schen Darstellung der Quantenmechanik wird einem Teilchen ein orts- und zeitabhängiges Feld $\psi(\vec{r}, t)$ zugeordnet (die Wellenfunktion), aus dem sich Mittelwerte und Wahrscheinlichkeitsverteilungen der zugehörigen physikalischen Messgrößen berechnen lassen. Die Wellenfunktionen sind Lösungen von partiellen Differentialgleichungen, die darüber Auskunft geben, mit welchem statistischen Gewicht sich etwas ereignen kann. Für freie elektromagnetische Felder haben wir folgende Schrödingergleichung angegeben (Seite 48):

$$i\frac{\partial}{\partial t}\vec{f}(\vec{k}, t) = \widehat{\Omega}\vec{f}(\vec{k}, t). \tag{0.6}$$

Welche Interpretation lässt die Schrödinger'sche Form der Maxwellgleichungen für freie Felder zu? Die Gleichung für die Energie $E = \hbar\omega$ der elektromagnetischen Welle ergibt wegen der Dispersionsbeziehung $\omega = ck$ (siehe Seite 38) den Zusammenhang $E = cp$, wobei $p = \hbar k$ der Betrag der Feldimpulses ist. Diese Beziehung gilt ebenfalls in der speziell-relativistischen Mechanik für Teilchen mit der Masse $m = 0$, beziehungsweise für Elektronen, die sich annähernd mit Lichtgeschwindigkeit bewegen, d.h. wenn $cp \gg mc^2$ gilt.[148] Die Lichtteilchenhypothese ist daher naheliegend: Elektromagnetische Wellen können aufgefasst werden als ein Schauer von Partikeln, den sogenannten Photonen, deren Ruhemasse verschwindet. Was diesen Teilchen an Möglichkeiten offensteht, wird von der Schrödingergleichung (0.6) diktiert. Da allerdings Photonen des freien Feldes reine Quantenobjekte sind,[149] gibt es für sie keinen Unterschied zwischen „Potentialität“ und „Faktizität“.

Aus dem speziell-relativistischen Charakter der Quantenmechanik des freien elektromagnetischen Feldes ergeben sich zusätzliche fundamentale Korrekturen am anschaulichen klassischen Teilchenbild. Ein Ausgangspunkt ist die Energie-Zeit Unschärferelation $\Delta E \Delta t \sim \hbar$, die von der Unschärferelation $\Delta p \Delta x \sim \hbar$ für die gleichzeitige Bestimmung des Ortes und des Impulses zu unterscheiden ist. $\Delta E \Delta t \sim \hbar$ dirigiert den möglichen Energieaustausch ΔE im Laufe der Zeit Δt. Erfolgt der Austausch fast momentan ($\Delta t \to 0$), dann ist der Wert der

[148] In der Einstein'schen Mechanik wird die Energie E der Teilchen aus der Gleichung $E^2 = c^2p^2 + m^2c^4$ berechnet. Für masselose Teilchen ($m = 0$) gilt daher dieselbe Gleichung wie für das freie elektromagnetische Feld: $E = cp$.

[149] Sowohl die Energie $E = \hbar\omega$ als auch der Impuls $\vec{p} = \hbar\vec{k}$ verschwindet, wenn von Quanteneffekten abgesehen wird ($\hbar \to 0$).

ausgetauschten Energie ΔE gänzlich unbestimmt ($\Delta E \to \infty$). Wegen $\Delta E = (\partial E/\partial p)\Delta p = v\Delta p$ überträgt sich dieses Resultat auf Impulsmessungen zu verschiedenen Zeiten. v_{anfang} bzw. v_{ende} sollen die Geschwindigkeiten der Korpuskel am Anfang bzw. am Ende des Impulsaustausches sein. Die Unschärferelation nimmt dann folgende Form an: $\mid v_{\text{ende}} - v_{\text{anfang}} \mid \Delta p \Delta t \sim \hbar$. Da die Geschwindigkeitsdifferenz $\mid v_{\text{ende}} - v_{\text{anfang}} \mid$ nicht größer als die Lichtgeschwindigkeit c werden kann, ist es prinzipiell unmöglich, den Impuls beliebig genau in beliebig kurzen Zeitabschnitten zu messen. Auch der Ortswechsel Δx eines Teilchens im Verlauf der Zeit Δt ist nur bis zu einer gewissen Genauigkeit festgelegt. Das Ausmaß der möglichen Verschiebung in der Zeit Δt ist nach unten begrenzt. Im relativistischen Grenzfall ($v \to c$) stimmt die Ortsunschärfe Δx mit der de-Broglie Wellenlänge des Teilchens überein: $\Delta x \sim \hbar/p$. Dieser Grenzfall ist für „Lichtteilchen" immer gegeben. Nur wenn die Abmessungen in einem Versuchsaufbau groß sind verglichen mit der Wellenlänge der Strahlung, können den „Lichtteilchen" räumliche Koordinaten zugewiesen werden. Es handelt sich dann um den klassischen Grenzfall der geometrischen Optik.[150] In allen anderen Fällen ist es nicht möglich, für Photonen konsistent eine räumliche Wahrscheinlichkeitsdichte einzuführen, die relativistisch invariant ist. Erst die Wechselwirkung der Photonen mit Ladungsträgern macht aus ihnen lokalisierbare Objekte im Ortsraum.

Für die mittlere Energie des „Lichtteilchens" (Photon) wurde auf Seite 49 ein Ausdruck abgeleitet

$$\langle E \rangle = \int \mathrm{d}^3\vec{k}\vec{f}^*(\vec{k})\hbar\widehat{\Omega}\vec{f}(\vec{k}),$$

der sich für monochromatische Lösungen ($\vec{f}(\vec{k},t) = \vec{f}_0(\vec{k})\exp(-i\omega t)$, mit $\omega = ck$) weiter vereinfacht:

$$\langle E \rangle = \hbar\omega \int \mathrm{d}^3\vec{k}\vec{f}_0^*(\vec{k})\vec{f}_0(\vec{k}) = \hbar\omega.$$

Diese Formel für die mittlere Energie wird vermittels der folgenden Transformation auf eine kanonische Hamilton'sche Form gebracht:

$$\vec{Q}(\vec{k},t) = \frac{1}{2}\left(\vec{f}(\vec{k},t) + \vec{f}^*(\vec{k},t)\right),$$
$$\vec{P}(\vec{k},t) = \dot{\vec{Q}}(\vec{k},t) = -\frac{i\omega}{2}\left(\vec{f}(\vec{k},t) - \vec{f}^*(\vec{k},t)\right). \tag{0.7}$$

[150] Bei der „Ortsbestimmung" im atomaren Bereich werden unvermeidlich Teilchen-Antiteilchen Paare gebildet. Die unkontrollierte Erzeugung neuer Teilchen nimmt der Ortsmessung ihren Sinn.

Auch die neuen Vektoren $\vec{Q}$ und $\vec{P}$ stehen beide senkrecht auf dem Wellenzahlvektor $\vec{k}$. Sie haben zwei unabhängige Komponenten P_α, Q_α ($\alpha = 1, 2$) in der Ebene senkrecht zu $\vec{k}$, welche die Polarisationsrichtung der Welle festlegen. Eine neuartige Theorie des elektromagnetischen Feldes (Quantenelektrodynamik) wird im Sinne der Quantentheorie begründet, indem auch den messbaren Feldern $\vec{E}$ und $\vec{H}$ eine „Tiefendimension“ zugestanden wird, ausgedrückt durch Operatoren im Fockraum ($\vec{E}(\vec{k},t) \rightarrow \widehat{\vec{E}}(\vec{k},t)$ und $\vec{H}(\vec{k},t) \rightarrow \widehat{\vec{H}}(\vec{k},t)$). Eine Vorschrift für die Quantisierung der Felder $\vec{E}$ und $\vec{H}$ wird in den Lehrbüchern für die abgeleiteten Größen $\vec{P}$ und $\vec{Q}$ angegeben:

$$\widehat{P}_\alpha(\vec{k},t)\widehat{Q}_\alpha(\vec{k},t) - \widehat{Q}_\alpha(\vec{k},t)\widehat{P}_\alpha(\vec{k},t) = -i.$$

Nunmehr werden zur Beschreibung elektromagnetischer Erscheinungen im Vakuum allen Raum-Zeitpunkten keine reellwertigen Feldstärken angeheftet, sondern abstrakte Operatoren, deren statistische Mittelwerte erst als Messgrößen interpretierbar sind. Die durch die zweite Quantisierung eingeführten Feldoperatoren $\widehat{E}_\alpha(\vec{r},t)$, $\widehat{H}_\alpha(\vec{r},t)$ erweitern und vertiefen das Wellenbild des Elektromagnetismus. Da ganze Bündel von Operatoren jedem Punkt im Raum zugeordnet werden, wird behauptet, dass sich überall im „Nichts“ etwas „ereignet“, obwohl „greifbare“ Teilchen dort nicht sind – ein Tanz ohne Tänzer, wie wir es an anderer Stelle nannten (Seite 38). Da die imaginierten, bloßen „Instruktionen“ aber auf einer abstrakten mathematischen Ebene erteilt werden (sie betreffen Operatoren), erscheinen sie von einem anderen Blickwinkel aus betrachtet als ein Tanz von „pseudo-Teilchen“. Der Hamiltonoperator $\widehat{H}$ des quantisierten elektromagnetischen Feldes hat nämlich die Form

$$\widehat{H} = \frac{1}{2}\sum_{\vec{k},\alpha}\left[\widehat{P}_\alpha(\vec{k}) + \omega^2\widehat{Q}_\alpha(\vec{k})\right],$$

dessen Energieniveaus mit denen eines harmonischen Oszillators übereinstimmen:

$$\langle E\rangle = \sum_{\vec{k},\alpha}\hbar\omega\left(N_{\vec{k},\alpha} + \frac{1}{2}\right).$$

Die ganzzahligen Besetzungszahlen $N_{\vec{k},\alpha}$ der „individuellen“ Oszillatoren suggerieren ein pseudo-Teilchenbild, nach dem elektromagnetische Erscheinungen auf einen Schauer von Photonen zurückgeführt werden können.[151] In der Quantenelektrodynamik sind das Wellen- und das

[151] Den Zustand mit der niedrigsten Energie nennt man Grundzustand. Er definiert

Teilchenbild zwei gleichberechtigte Betrachtungsweisen desselben elektromagnetischen Phänomens. Dabei verlieren beide Begriffe – Teilchen und Welle – ihre anschauliche, klassische Bedeutung, weil sie sich auf etwas „Metaphysisches“ beziehen. Erst auf dieser abstrakten Ebene finden die Gegensätze zueinander, „versöhnen“ sich die Begriffe „Teilchen“ und „Welle“ und bilden eine Einheit.

---

das Vakuum, da in ihm keine Photonen vorhanden sind ($N_{\vec{k},\alpha} = 0$). Doch die Energie dieses Vakuums hat einen von Null verschiedenen Wert.

Literaturverzeichnis

[1] E. von Aster *Platon*, Verlag Strecker und Schröder, Stuttgart, 1925

[2] W. Beierwaltes *Das wahre Selbst*, Verlag Klostermann Rote Reihe, Frankfurt am Main, 2021

[3] C.E. Benda *Der Mensch im Zeitalter der Lieblosigkeit*, Steingrüben Verlag, Stuttgart, 1956

[4] J. Caird *An Introduction to the Philosophy of Religion*, Macmillan and Co., New York, 1880

[5] E.M. Cioran *Auf den Gipfeln der Verzweiflung*, Suhrkamp Verlag, Frankfurt am Main, 1989

[6] C. Clarke *Knowing, Doing, and Being*, imprint-academic.com, Exeter, 2013

[7] D. Deutsch *The Beginning of Infinity*, Allen Lane Penguin Books, London, 2011

[8] A. Drews *Plotin und der Untergang der antiken Weltanschauung*, E. Diederichs, Jena, 1907

[9] Dürr, Meyer-Abich, Mutschler, Pannenberg, Wuketits *Gott, der Mensch und die Wissenschaft*, Pattloch, Augsburg, 1997

[10] H.P. Dürr *Auch die Wissenschaft spricht nur in Gleichnissen*, Herder, Freiburg Basel Wien, 2004

[10] R. Falckenberg *Geschichte der neueren Philosophie*, Verlag von Veit u. Comp., Leipzig, 1908

[12] H.J. Fischbeck *Die Wahrheit und das Leben*, Herbert Utz Verlag, München, 2005

[13] M. Gell-Mann *Das Quark und der Jaguar*, Piper, München Zürich, 1995

[14] R.B. Griffiths *Consistent Quantum Theory*, Cambridge University Press, 2003

[15] E. Haeckel *Die Welträtsel*, Alfred Kröner Verlag, Leipzig, 1908

[16] J. Halfwassen *Auf den Spuren des Einen*, Mohr Siebeck, Tübingen, 2015

[17] H. Heimsoeth *Die sechs großen Themen der abendländischen Metaphysik*, Kohlhammer Verlag, Darmstadt, 1958

[18] M. Heller *Creative Tension*, Templeton Foundation Press, Pennsylvania, 2003

[19] A. Huxley *Die ewige Philosophie*, Hans-Nietsch Verlag, 2012

[20] J. Jeans *Der Weltraum und seine Rätsel*, Paul List Verlag, München, 1955

[21] P. Kleinert *Ist die Philosophische Theologie am Ende?*, WiSa, Stuttgart, 2013

[22] P. Kleinert *Rationale Religiosität*, WiSa, Stuttgart, 2015

[23] P. Kleinert *Physik und Metaphysik*, WiSa, Stuttgart, 2019

[24] I.D. Lawrie *A Unified Grand Tour of Theoretical Physics*, Institute of Physics Publishing, Bristol, 2002

[25] Meister Eckhart *Vom Wunder der Seele*, Philipp Reclam jun. Stuttgart, 2007

[26] R. Penrose *The Road to Reality*, Alfred A. Knopf, New York, 2006

[27] R. Penrose *Zyklen der Zeit*, Springer Spektrum, Berlin Heidelberg, 2011

[28] Plotin *Plotin - ausgewählte Schriften*, Reclam, Stuttgart, 1973

[29] G. Roth, N. Strüber *Wie das Gehirn die Seele macht*, Verlag Klett Cotta, Stuttgart, 2018

[30] L. Schäfer *Infinite Potential*, Deepak Chopra books, 2013

[31] W. Weischedel *Der Gott der Philosophen*, Wissenschaftliche Buchgesellschaft, Darmstadt, 1983

Namenregister

Inhaltsverzeichnis

WiSa